勝てる民泊

ウィズコロナの一軒家宿

山口由美

新潮社

プロローグ　「ひと夏越したら、シロアリで腐ります」

私は「民泊」という言葉が大嫌いだった。

英語では「バケーションレンタル」と呼ぶ。以前からハワイのコンドミニアムやカリフォルニアの国立公園に隣接する一軒家など、何度となくバケーションレンタルは利用したことがあった。料金が安いからではなく、暮らすように過ごせるスタイルと利便性を気に入っての選択だった。ところが、「民泊」という訳語は、私がバケーションレンタルに抱いていたイメージとは全くかけ離れていて、その貧乏くさい響きに愕然とした。

それが私と民泊の出会いだった。

新型コロナウイルスの感染拡大で「終わった」と思われたものの代表格が、インバウンドと呼ばれる海外から日本にくる旅行需要ではなかっただろうか。なかでもアウトとされたのが、インバウンドをあてこんで急増した民泊だったと思う。

そもそも大都市の集合住宅などを利用した民泊は、住宅街に得体の知らない外国人が泊まることで周囲から白い目で見られていた。それでも需要はあったから、手っ取り早く儲かる手段として民泊事業に参入する人は多かった。

外国人観光客が増えることや、それをあて込んだ民泊を以前から胡散臭く思っていた人たちは、だから、ことさらに「それ見たことか」と思ったのだろう。

二〇一九年七月に民泊を開業した私も、コロナ禍以降は、周囲から貧乏くじを引いたと思われていたに違いない。実際、インバウンドの予約が次々に消えていった頃は自分でもそう思った。

ところが、である。その後、わが家の民泊は劇的なV字回復をする。

やがて一軒家貸し切りの民泊は、世界的に好調であることを知る。

従来のイメージである都市型の民泊は、新型コロナで廃業したところが多いのに、コロナ禍以降、新しいタイプの民泊は増えている。

民泊という言葉を嫌悪していた私が民泊を始めた理由は、親から継承した不動産を長く放置した結果、とんでもない事態になってしまったからである。それを活用する唯一の方法として目をつけたのが民泊新法（住宅宿泊事業法）だった。

民泊新法に基づく非居住型の民泊は、オンラインで予約や決済ができ、誰にも会わずにチェックイン、チェックアウトができる。究極の非接触。これほど新しい生活様式に適した宿泊施設のかたちはない。

コロナ禍で最もアウトとされたものが、一周まわって最適なものになるとは。当事者としても想像もしない展開だった。

もちろん、そんな未来を私が予見していたわけではない。

積極的な事業欲があったわけでもない。

だが、ジェットコースターに乗ったようにさまざまな事件がおきるなか、民泊事業者として生き抜くうちに、世界のホテル事情を取材してきたもうひとりの私が興味津々になっていくのを感じていた。民泊にホスピタリティなんて存在しないと思っていたのに、リモートでもゲストに心遣いが示せること。オーナーのアイディア次第でさまざまな可能性が広がること。私が手がけた新しいタイプの民泊は、ポストコロナの宿泊事業に新風を送り込む存在なのかもしれない。漠然とした思いはやがて確信に変わっていった。それが自分の経験を本にしようと思った動機である。

プロローグ　「ひと夏越したら、シロアリで腐ります」

「この家、もう一度夏を越したら、腐ってしまうよ」

「えっ、つまり、その前に、どうするか決断しなければいけないということ？」

「そうだね」

二〇一八年十月初め、箱根にある実家の離れを設計士さんに見てもらった時のことだ。

久しぶりに鍵を開けて入った家の中は、カビと湿気がこもったような匂いがしていた。

雨戸を開けて、まず風を入れる。

母屋の雑多な不要品を運び込んだ空間は、倉庫のように雑然としていたが、一見すると、家自体は、さほど痛んでいないようだった。これなら大丈夫かもしれない、そう話しながら、私たちは右奥にある和室に入った。

畳の感触が、なんだかブカブカしている。

「ここは、まずいかもしれない」

案の定、床の下を見ると、シロアリにやられていた。

そして、設計士さんの発言になったのだった。

私は夫と顔を見合わせた。

「壊して更地にするか、それとも……」

「改装して、利用するか」

「利用するって?」

「たとえば、民泊はどう?」

その四ヶ月ほど前、二〇一八年六月十五日、いわゆる民泊新法が成立していた。


私が生まれ育った実家は、箱根の大平台温泉にある。

箱根駅伝の五区六区のハイライト、「大平台のヘアピンカーブ」の先にある、戦後に開発された新しい温泉地だ。有名な高級旅館などないから、箱根にあって、知名度は低く、過疎化と高齢化が著しい地域である。でも、温泉通に言わせると、美肌に効果がある、箱根でも有数のいい泉質だと言う。わが家にも、その温泉が引かれている。

私の実家は、大平台の先にある宮ノ下のクラシックホテル、富士屋ホテルの創業家だった。その歴史を描いた『箱根富士屋ホテル物語』が私のデビュー作になる。

祖父の山口堅吉は、創業者の次女の婿で、同族経営最後の社長だった。

実家は、その祖父が一九三〇（昭和五）年に建てた洋館である。

腐ってしまうと言われた離れの前に、家を継承し、維持する必要に最初に迫られたのが母屋であるこの家だった。

二〇一三年、祖父から家を継承し、長年管理してきた父の体調が悪化し始めた。

バブル景気の頃、高額で売却できる話もあったのに、若気の至りでうっかり「愛着があるから嫌だ」と父に言った責任も私は感じていた。あんな高額で売れる可能性はもうなくなっていた。

箱根は人気観光地ではあるものの、不動産価格は全般に下落傾向で、インバウンドで盛り上がるニセコなどとは事情が違った。

家の維持管理にお金がかかることは、父を見ていてよくわかっていた。

相続が現実になる前に、何か対策を考えておかなければ。

友人に相談してみると、撮影の貸しスタジオ、レンタルスペースなどが候補にあがった。だが、それらの運営管理を自前でやるのも手間がかかる。

そのうちに、建物に負担をかけず、最小限度の改装で済み、その割に収益率が高いのが、いわゆるスパやエステの業態だと知った。お客さんひとりあたりの単価がカフェやレストランよりずっと高いからだ。

たまたま私には十数年来、贔屓にしているサロンがあった。オーナーの西田若葉さんは、いち早くインドのアーユルヴェーダを日本に紹介した人だった。それとなく相談してみると「私は一度箱根でスパをやってみたかった」と言うではないか。

ならばと、とんとん拍子で話は進み、現場を見に行ったのが、その年の晩秋だった。

その時、夫婦でサロンを経営している西田さんの夫から「友達が設計士で、見てみたいと言うから、一緒に行ってもいいかな」と言われた。

「どこに頼むか、まだ決めていないからいいよ」と私は答えた。

聞けば、やはり夫婦で設計事務所を営んでいると言う。

それが藤岡裕さん、先ほどの設計士さんとの出会いであった。

西田夫妻の経営するアユスは横浜、藤岡夫妻のアトリエフジオカは藤沢と、いずれも神奈川県内で、箱根に近いのも好都合だった。こうして私たちは箱根に向かったのだった。


「わあ、こんな地味な洋館、見たことない」

家の外観を見るなり、藤岡さんが立ちすくんでつぶやいたことを私は忘れない。

恋に落ちたように家を見つめる表情からして、最上級の褒め言葉であることが伝わってきた。

洋館の華やかなイメージとはかけ離れた、シンプルで地味な外観に、藤岡さんは、一目惚れだったのである。祖父はモダニズム建築に造詣があり、富士屋ホテルと同じ棟梁が手がけたにもかかわらず、同時代の富士屋ホテルの華やかな建築とは対照的だった。

この言葉に背中を押されるようにして、母屋の洋館をアーユルヴェーダの日帰りスパにするプロジェクトが始動した。

長年モノを溜め込んできた家の片付けという一大作業を経て、二〇一五年五月、アユスに業務委託するかたちでスパ アットヤマグチハウスが開業した。

開業五日後に箱根山の噴火警戒レベルが引き上げられる、という冗談のような不運もあったが、完全予約制という営業形態（予約がなければ店を開けない）が功を奏し、儲かりはしないが、赤字も出さずに、家の維持修繕費を捻出できるようになった。

二〇一七年十一月、父が亡くなった。

葬儀やお別れの会、納骨、相続の事務手続きなど、すべてが終わった後、アッと気づいたことがあった。スパ アットヤマグチハウスの開業で母屋を片付けた際、不要品を運び込んだまま、長いこと締め切ったままにしてきた離れのことだ。

戦後まもなく祖父が立てた小さな平屋の家だった。

昭和が終わる頃まで現役で使われてきた、文字通り、昭和のおうちである。

一九八〇年代前半までは、借家として賃貸していた。その後、父の仕事が東京中心になり、母屋自体も別荘のような使い方になってからは、おのずと離れも、同じような状況になった。それでも、母屋に滞在するときは、離れも必ず雨戸を開けて風を通していたし、知人や親戚が使うこともあった。

だが、父の体調の悪化と、ほぼ時を同じくしてスパを開業してからは、完全に離れのことは忘れていたのだ。時々は、ジャングルのように生い茂った周囲の草木を刈ってはいたが、家自体は、長いこと締め切ったままで、ほとんど風通しさえしていなかった。

締め切った期間は、およそ三、四年。

そして、先にあげた顛末となったのである。


「本当に民泊やるの？」

私は夫に問いただした。

「それしかないよ」

「誰が？」

「二人でやればいい」

「私は自分の仕事だけで手一杯だよ。スパもあるし」

「大丈夫だよ」

「大丈夫じゃないよ」


旅行やホテルを主なテーマに執筆してきた私は、民泊新法の話題が出始めた頃、取材対象として民泊に興味を持ったことはあった。

当時、宿泊業界では、民泊をネガティブに受けとめる人たちが多数派だった。その影響なのか、メディアも肯定的に報じないことが多かった。しかし、私はやっと日本にも法的制度が整ったことを好ましく思っていた。

民泊に関わる新書の企画を考えたこともあった。

だが、もう一歩踏み出さなかったのは、単に新法のことなどを表面的に取材してまとめても

「机上の空論」になると思ったからだ。実際、インターネットで検索すると、民泊に関するウェブサイトが雨後の筍のようにあって、当時の私が書こうとしていたことなど、それらを読めば充分だった。

とはいえ、まさか民泊を自分でやることになるとは。

「夏までに完成をめざすなら、この冬には着工しないと」

藤岡さんは言う。

次の夏を過ぎればシロアリで廃屋になると、余命宣告を受けた家に猶予はなかった。

夫は乗り気だった。

私は、正直迷っていた。

だが、更地にしても草木は生えるし、固定資産税はかかる。

一円も利益を生まない土地を管理するのは、ムナシイ。

そして、ついに決心したのだった。

「民泊、始めますか」

勝てる民泊　ウィズコロナの一軒家宿

目次

写真　山口由美

勝てる民泊　ウィズコロナの一軒家宿

第一章　カンシュクって何ですか？

「ひと夏越したら、シロアリで腐ります」と宣告されてから約一ヶ月後、藤岡さんから見積もりが届いた。消費税込みでおよそ七百万円。現場で話していた希望的観測よりも、すでに百万円くらい高い。

もともと母屋の洋館に恋して改装を請け負ってくれた彼が、価格をふっかけないことはよくわかっている。費用を押さえるために、同じく設計士の奥さんと二人で、自ら工事の養生をしてくれることもあるくらいだ。シロアリにやられた家の状況が想像以上によくなくて見積もりが膨らんだのである。

父からの相続で多少の余裕はあったので、何とか想定の範囲内。でも、これ以上膨らむと厳しい、という金額だった。

そして、何よりも問題は、これだけの投資が見合う商売なのか、最終的に見極めることだった。

民泊は、所有する家の一部を貸し出すのならば、許認可を申請したり、Airbnb（エアビー&ビー）などのサイトに登録する手続きなどをすべて自力でやれば、自分たちだけで運営することもできる。

民泊の用語で言うところの「家主居住型」である。

だが、私たちは、箱根の実家に住んでいるわけではなかった。

つまり、民泊の用語で言うところの「家主非居住型」である。

その場合は、いわゆる運営代行業者が必ず必要だった。正確には、住宅宿泊管理業者と呼ぶ。民泊新法の施行によって、物件にオーナーが住んでいなくても、住宅宿泊管理業者に依頼し、必要な条件を満たせば、正式に民泊が運営できるようになったのである。

「民泊」というキーワードでネットを検索すると、運営代行業者なるものがヒットして、なるほど、こういうところに依頼すれば、民泊が始められるのだな、ということはわかる。

民泊を始める最終決断をするためにも、民泊のイロハを知るためにも、まずは民泊運営代行業者とのコンタクトが第一歩だと、私たちは考えたのだった。

では、どこにコンタクトすればいいのか。

「民泊」「運営代行」と二つのキーワードで検索すると、いくつものウェブサイトがヒットした。なにしろ、半年前（二〇一八年六月）に法律が施行されたばかりの業界である。「老舗」とか「誰もが知る大手」なんてものはどこにも存在しない。

何を基準に探したらいいのか、まるで見当がつかなかった。

その中で、候補を見つけてきたのは夫だった。

「無料でシミュレーションしてくれるってよ。ここはどうかな」

金融系の企業に勤める夫は、元銀行の融資担当で数字に強い。宿泊業についての経験や知識はないが、当初、尻込みしていた私よりもずっと、民泊に前向きだった。まずは収支シミュレーションと考えたのだ。

「どれどれ？」

それは大手ＩＴ企業が運営する民泊代行のサイトだった。

暗中模索の中で、誰もが知る大手ＩＴ企業の名前は、とりあえず安心できた。

サイトを進むと、「民泊のオーナーになる」という項目があって、問い合わせができる。

ドキドキしながらクリックして、物件の基本情報などを書き込んだ。

二〇一八年十二月十九日のことである。

この日から、私たちの民泊プロジェクトは始動したことになる。


まもなくして問い合わせ先から返信メールが届いた。

〈現在情報を頂いております箱根町物件の収支シミュレーションを弊社にて作成させて頂き、そちらをもとに今後の運営についてご検討頂くかたちで進めさせて頂ければと思っておりますがいかがでしょうか？〉と書いてあった。

丁寧な挨拶から始まる文章で、担当はＫとあった。

この返信メールで、気持ちはかなり前向きになった。

どれだけ前向きだったかと言えば、年末年始の休暇中、周辺の市場調査をしてみようよ、と話が盛り上がったくらいだ。私たちはAirbnbで競合他社を調べることにした。

「大平台って、民泊あるのかなあ」

「お隣も民泊だよね」

数年前、わが家の敷地と接する隣家を買った会社とは、境界線の問題で何度か会ったことがあり、その時、家には管理人がいて、民泊らしきことをやっていると聞いていた。民泊新法以前のことである。

早速、大平台、箱根のキーワードでAirbnbを検索するといくつかヒットする。

候補となったのは三軒だった。

「アンティークハウス禅」というお洒落なネーミングの家が定員十一人、「UNPACK」というところはさらにたくさん泊まれて定員十五人、そしてもうひとつ、「高台の温泉付きプライベート別荘」というのが、寝室二つで最もこぢんまりしていて定員八人だった。Airbnbでは、なぜか隣家は出てこなかった。

「どこがいいかな」

夫と一緒に泊まるならば週末でなければと、一、二月の土曜日で予約を検索してみる。すると、どこも満室ではないか。

「混んでいるよ。週末は全然予約がとれない」

「本当に?」

想定外のことだった。

箱根で良質な温泉があるとは言え、有名旅館があるわけでもない、いささか寂れた感のある大平台だったが、民泊のロケーションとしては、なかなかの人気なのだ。

その事実に背中を押された感じがあった。

結局、いろいろ迷った末に、年が明けてから、二月後半の日曜日の一泊で「高台の温泉付きプライベート別荘」に予約を入れた。夫が休暇を取れなければ、誰かを誘えばいい。

宿泊料金は九九七三円、清掃料金が七一二四円で、サービス料が二三六九円、合計で一万九四六六円。半分は予約時に、残り半分は宿泊の一週間前にクレジットカードから引き落とされる。清掃費が宿泊料金と別というシステムは、海外のバケーションレンタルでも一般的なので、あまり驚きはしなかった。民泊専用のサイトであるAirbnbでは、清掃費は別途表示される。

二〇一九年の新年、まずはお客として民泊の予約をして、私たちの民泊元年が始まった。


シミュレーションが届いたのは、民泊代行サイトである担当者Kから返事があってから約一ヶ月後の一月十一日だった。

予想売上高から経費を差し引いた試算では、年間利益が約二百六十万円とあった。

想定以上の数字だった。ということは、三年間で改装費用の七百万円が回収できて、その後は利益に転じる計算になる。

年間の平均稼働率が六二％とは何を根拠にした数字なのか、とか、突っ込みどころも多かったけれど、三年で改装費用が回収できるという想定は、私たちの決心を後押しするのに充分なものだった。近隣の民泊の盛況ぶりを確認済みだったからこそ、現実離れした数字ではない、と理解できたのかもしれない。

そして、私たちは、Kと会うことにしたのだった。

一月十七日、Kが待ち合わせ場所に指定してきたのは、新宿にある高層ビルの四階だった。エレベーターを降りたら連絡するように言われていた。

そこは、入居する企業の社員が自由に使えるワーキングスペース兼カフェといった感じのフロアだった。真新しい空間が今っぽい。

カウンターで飲み物を買うとキャシュレス決済のみで、現金が使えない。それもまた今っぽい。

Kは三十代くらいだろうか。ごく普通の社会人といった印象だった。

渡された名刺には、有名IT企業の名前を冠したグループ会社と思われる名称と、Q社の名称が並んで印刷されていた。

私たちは、まず民泊の基本を教わった。

民泊には、成立したばかりの民泊新法に基づく民泊と、旅館業法の簡易宿泊所として許認可を申請する民泊の大きく分けて二つがある。ここでいう簡易宿泊所には、民宿、ペンション、そしてドヤ街にあるような簡易宿泊所が含まれる。

新法以前の民泊は、この簡易宿泊所として営業するか、もしくは、超短期の不動産賃貸契約を結ぶかたちのどちらかだった。こちらは、通常の不動産契約を結んだ相手が、途中で契約解除して出て行ってしまった、と法律的には考えるらしい。数年前、京町屋の民泊に取材で宿泊したことがあったが、不動産契約のパターンだったことを思い出す。

もちろん、そのほかに、どの枠組にも当てはまらない違法な民泊も跋扈していたのだが、新法成立後、それらは淘汰されてきたと言う。施行以前からの業者が、それをもって信頼性があると言いにくいのは、業界全体がルールもなく、混沌としていたからだ。

「まずどちらにするかです。新法とカンシュクと」

「カンシュク？」

「簡易宿泊所のことです」

カンシュクとは、業界用語なのか。それだけ、民泊業界では一般的なのだろう。

「民泊新法とカンシュクでは、何が違うんですか」

「民泊新法だと、年間一八〇日しか営業できない縛りがあります」

そうか、と私は思い出した。

民泊は、既存の宿泊業界からの反対が大きかった。そのため、こうした規制が誕生したと、民泊を少し調べていた頃に知った。

「年間一八〇日しか営業できない、つまり年間稼働率が五〇％以上にならないということですよね、頂いたシミュレーションだと、ずいぶん高い稼働率になっていましたが」

「あれは、カンシュクで試算しました」

「なるほど。本気で利益を追求するのであれば、カンシュクでないと難しいということですね」

「そうなります」

「つまり、カンシュクで運営している民泊が多いということなんですね」

「そうですね。でも、とりあえず民泊新法で開業する手もあります」

「途中から変更できるんですか」

「はい。初年度は、開業がたとえば七月だとすれば、連日宿泊者がいない限り、四月スタートの年度換算では一八〇日には達しません。ですから、まず民泊でスタートして、状況を見てカンシュクに切り替えるのもありだと思います」

「なるほど」

民泊の基本について、Kの説明は理路整然としていた。


次に気になったのは、日々の清掃をどうするかということだった。

チェックインシステムや鍵のことは、民泊がどこにあっても運用に問題はない。でも、掃除は、そういうわけにいかない。箱根の大平台というリアルの場所で日々の作業をしてくれる業者がいなければ成り立たない。

するとKはこう言った。

「親会社の運営するホテルが箱根に開業する予定です」

「箱根に？　箱根のどこですか」

「箱根湯本です」

箱根の玄関口である箱根湯本は、大平台から車で十分ほどの距離だった。

「そうなんですか」

「そこの掃除スタッフを民泊に派遣します」

私たちは顔を見合わせて安堵した。

Q社に最終決断したポイントはこれだった。

箱根に有名IT企業のホテルなんて開業予定あったかな、と一瞬思ったが、昨今は日本各地で新しいプロジェクトが目白押しだ。私は海外取材の機会が多かったし、最新の国内の動きを必ずしもフォローしきれていない。だから、自分のアンテナに引っかかっていないだけだろうと考えた。

こうして、私たちは、Q社と初期コンサルティング契約を結ぶことを決めた。


初期コンサルティング費用の請求書にあがってきたのは、次の項目だった。

運営準備費用が十万円、設備設置費用が三万円、アカウントリスト作成費用が一万円（最初は四万円の請求だったが、原稿はこちらで書くことにして三万円引き）、タブレットスマートキー設置（ただしスマートキーは含まれません、と但し書きあり）が三万円で、合計十七万円、当時八％だった消費税を加えて十八万三六〇〇円である。

アカウントリストとは、Airbnb のサイトに掲載されている写真や文章のことで、「リスティング」とも呼ぶ。これも民泊の業界用語である。

宿泊施設の文章を書いたり、写真を撮ったりすることは、まさに日々の私の仕事の延長である。人に依頼して、金を取られることもなかろうと考えた。
運営準備費用の内訳を聞くと、以下の項目をずらりと送ってきた。

・設計期間中の協議内容の運営観点の調整と助言（会議体の主催・運営）
・当該施設に必要な人員の採用計画・募集・面接
・外部ベンダーとの契約（ＯＴＡ、通信、消耗品、アメニティ、リネン、産業廃棄物など）
・各種レポーティングのセットアップ
・ＩＴシステム関連の設計・契約・導入対応
・オペレーションシステムの設計・管理
・宿泊者獲得のための営業・集客マーケティングの実施
・運営管理に必要な消耗品・器具・備品の選定、発注業務
・設計期間中の協議内容のブランド監修観点の調整と助言（会議体の主催・運営）
・設計者（およびコンサルタント）に対し意見、指示の伝達（建築・設備・電気・給排水など）
・設計者とＦＦ＆Ｅ設計者間の調整（ＦＦ＆Ｅ工事と設計図面の取り合い調整）
・基本設計、実施設計図書項目一覧の精査及び助言業務
・許認可取得の支援・近隣住民対策に関する助言業務
・必要に応じた、コンサルタントの紹介、提案・選定支援
・必要に応じた各種専門コンサルの紹介およびその調整（ＳＰＡ、厨房、音響、アートなど）
・発注方針規定策定（一括発注・分離発注・支給品対応等）

これだけの項目が含まれて十万円なら安いかな、というのが第一印象だった。物件の改装については、藤岡さんに任せてあるし、インテリアや備品については、自分たちで考えるつもりだった。

むしろ一番心配していたのは、許認可の問題だった。

だが、それに対してKは、はっきり自分の仕事と認識し、てきぱきと、必要な書類の種類を伝えてきた。一月二十二日付けでこんなメールが残っている。

〈テキストで構いませんので発注頂ければ、役所、消防関係への詳細確認を開始します（ご入金より先に動く必要があるかと思いますので）〉

「入金より先に動く」という台詞に誠実さを感じた。

このメールをもらった三日後の一月二十五日、私は初期コンサル費用の十八万三六〇〇円を振り込んだのだった。

私たちが民泊を始めるにあたって必要な許認可は、大きくわけて三つあった。保健所に申請する民泊新法に基づく届け出、消防関係の届け出、そして、温泉関係である。離れにも大平台温泉が引いてある。温泉付きは、当然、民泊の売りになる。Kも「それはいいですね」と喜んでいた。だが、許認可としては、ひとつ余計に仕事が増えることになる。

民泊は、自治体によって条例があり、細かい条件がそれぞれ異なる。

わが家の場合は、まず神奈川県、そして箱根町の条例を確認する必要があった。

ところが、Kは入金を待たずして「役所、消防関係への詳細確認を開始します」とメールしてきたのに、入金しても、いっこうに確認をしてくれない。

結局、しびれを切らした藤岡さんが、箱根町役場、保健所、消防署を廻って書類を集めてきてくれた。

工事着工前に、消防関係など、民泊として運営するにあたり必要な設備を確認する必要があったからだ。民泊新法の民泊にするか、カンシュクこと簡易宿泊所にするか、その判断もまだだったから、とりあえずは両方の資料を集めた。

二月十九日、藤岡さんも交えて、私たちはQ社があるビルのカフェ兼ワーキングスペースでKと会った。

初期コンサルティング費用を振り込んで、私たちの決心は固まっていた。

打ち合わせの内容も、おのずと具体的になる。

民泊として営業するために必要な設備は、いろいろあった。

シーツやタオルを入れるリネン庫の設置。消防の許可をとるためには、火災警報器、避難誘導灯なども必要だ。簡易宿泊所だとフロントの設置が必要だが、民泊であれば要らないとのこと。一方、民泊だと、無人で行うチェックインシステムのために、WiFi環境の整備が必須だった。

温泉は、書類の整備が煩雑ではあるものの、問題になるところはなさそうだった。

こうした作業をどのように手分けして進めていくかを話し合う。

そして、許認可は民泊新法で進めることに決めた。

設計の藤岡さんとしては、規制がやや緩い民泊新法がやりやすいという意見だったのと、初年度は一八〇日以上にならないという判断からだった。ただし、電気配線などは、後にカンシュクに移行しても問題ないよう、整備しておくことにした。無人でカンシュクの運営をするには、入り口にカメラが必要と聞いていたからだ。

開業日は、六月一日と決めた。

夫は、ゴールデンウィークに集中して準備をする心づもりにしていた。余裕をもって夏の繁忙期を迎えようというスケジュールである。

それまでに、やることはたくさんある。

工事着工を目前にした二月二十四日、年始早々に予約した民泊に泊まる日がやってきた。民泊を実体験する一大イベントだ。

予約をした一週間ほど後に「大平台ガイドブック」というメールが送付されていた。

送り主は「シュンスケさん」である。

入室する鍵の番号は、宿泊の三日前に送付されるものらしいが、シュンスケさんの家は、宿泊客が変わるたびにその都度、番号を入れ替えるスマートロックではなく、リアルの鍵をキーボックスで管理しているため、早々とメールで番号を知らせてきた。

私は、物件についての質問をしてみることにした。

リスティングの文章に「フランク・ロイド・ライトの系譜を汲む日本の建築家が設計した建

物」とあったのが気になっていたのだ。

私は『帝国ホテル・ライト館の謎』という新書を書いたこともある。フランク・ロイド・ライトについては、多少詳しい。

「系譜を汲む建築家とは、何と言う方ですか」とメールで聞いてみた。

すると、すぐに返事が戻ってきた。

「お問い合わせありがとうございます。こちらの物件の前のオーナーでいらした音楽家の方から、物件の購入時に建築家のエピソードについてお伺いいたしました。お名前までは伺っておりませんが、フランク・ロイド・ライトの日本人のお弟子さんのうちのお一人が設計されたとお話しされておりました。Airbnb での貸し出しのため、内装はいろいろと手を加えておりますが、外観や構造はオリジナルのままですので、ぜひいろいろとみていただいて何か発見ございましたらご共有いただけると幸いです」

詳しいことはわからなかったが、レスポンスの迅速さには驚かされた。宿泊する側としては、安心できる。民泊の信頼性とは、こうやって築かれるのかと納得する。

シュンスケさんは「スーパーホスト」だった。

写真の上に勲章のようなアイコンがついている。これは、Airbnb のシステムで、評価が高いホストに冠される称号だ。

認定要件は、以下の四つである。
1）宿泊10件以上（長期滞在型は3件で合計100泊以上）の受け入れ実績
2）返答率は90％以上を維持

3）酌量すべき事情ポリシー（著者注：ホストの予期せぬ重病やけが、家屋の損傷や道路の通行止めや公共交通機関の運休など、急なキャンセルに対し酌量すべき理由が事前に設定してある）で例外が適用されるケースを除き、ホストによるキャンセル率が1％以下（予約100件中キャンセルが1件以下）

4）総合評価4・8つ星以上を維持（退出日ではなく投稿日をもとに過去365日間のゲストによるレビューを集計）

年四回、これらの基準を満たしているかどうかが判断される。

2）と4）の基準があるから、どんな質問にも、すぐに丁寧に返事が来るのかと納得する。

宿泊先のロケーションやアクセスは、メールで送られてくる「大平台ガイドブック」に記載されている。「海外のお客様向けに作成しております」ということわり付きで、すべて英語表記だ。あらためてインバウンドが多いことを実感する。隣家に出入りする人たちを見かけることがあったが、きまって外国人だった。

案内図は、写真付きで、実に丁寧でわかりやすい。

私たちは地元なので、ざっと見ただけでわかるが、そうでなくても、これだけ懇切丁寧であれば、迷うことはないだろう。

一般の住宅に宿泊する民泊は、大きな看板の出ているホテルや旅館ではない上に、現場にだれもいない。だから、ゲストがいかに迷わず、物件にたどり着いて、入室できるかが重要なのだ。

シュンスケさんの民泊に泊まる日、離れの片付けが、最後の佳境を迎えていた。スパを開業する時に母屋から運び込んだ不要品を再び母屋に戻す。動画を巻き戻すような作業が延々と続く。あの時、もっと捨てておけばよかった、と後悔する。

昼間は、いつものようにびっちり働いて、夕方、チェックインする予定にしていた。観光気分は微塵もない。

日曜日の夜ということで、夫の代わりに継母の順子が泊まることになった。

下町の商家育ちの順子は、富士屋ホテルのお嬢様で地元のつきあいをしなかった生母の裕子より、そして東京の高校に進学した私より、ずっと大平台の人たちと親しかった。それもあって、久しぶりに大平台で泊まるのを楽しみにしていた。

順子の親しい友人が母屋を訪ねてきて、明日の朝食用にと、二人分の卵やソーセージなどを持ってきてくれる。民泊は、基本的に食事の提供はない。

友人の夫も以前、富士屋ホテルに勤めていた。その両親が大平台で旅館を営んでいたが、ずいぶん前に廃業して、元旅館のがらんと大きな家に老夫婦二人で暮らしていた。

シュンスケさんの民泊は、その家のすぐ近くだった。

「今夜泊まる民泊はすぐ近くにあるんだけれど、知っている?」

私は、順子の友人にたずねた。

「不動産屋さんがやっているところなら知っているわ。昔、塩屋があったところ」

塩屋とは、雑誌や雑貨を扱っていた小さな商店だ。今はもうない。

「それは、ＵＮＰＡＣＫじゃないかな」

私が答える。

「あそこは、流行っているみたいよ。それと大平台を見下ろす高台にもあったわね」

「それは、アンティークハウス禅でしょ」

また私が答える。

いつの間にか、大平台の民泊にすっかり詳しくなっている自分に驚く。

「わが家の近所にも民泊があったとは、知らなかったわ」

そう言って彼女は「明日、家にも寄ってね」と帰り、入れ替わりで藤岡さんがやって来た。夫も含め四人で少し早めに民泊を見に行こうという話になる。

みんな興味津々である。

「早めにチェックインできないか聞いてみれば」

野次馬の二人に急かされて、シュンスケさんにメールをしてみたが、すぐに返事はない。Airbnb から電話番号も届いていたから、そこにかけてみる。

本当に出るのかな。ドキドキしながらかけてみる。

「今日、予約している者なんですが、少し早めにチェックインできますか」

「二時半には清掃が終わる予定なので、それ以降であれば大丈夫ですよ」

「よかった。ありがとうございます」

地図を見ると、シュンスケさんの家は、大平台温泉の温泉共同浴場「姫之湯」の裏手の高台にある。

アプローチする坂道の脇には、大平台温泉の年に一度の祭りが行われる広場がある。

「なつかしいわねえ」

昔話をしながら坂道を上り、案内図の方角に進むと、白い門が見えてきた。

二階建てだが、一階部分と二階部分の間に、白い外壁が帯のように水平に巡らされている独特の外観だ。その部分が、フランク・ロイド・ライトの建築にしばしば見られる、いわゆる片持ち梁、キャンティレバー構造を彷彿とさせる。

ライトの弟子が建てた建築が大平台にあるなんて、にわかには信じられなかったが、少なくとも外観は、ライトのテイストが感じられる。

キーボックスは、玄関ドアの取手についていて、迷いようがなかった。

玄関を入ると、まずダイニングルームとキッチンがある。その奥に二階まで吹き抜けのリビングルームがあって、開放感がある。

一階と二階に和室がひとつずつあって、二階の和室の襖を開けると、バルコニーのように下のリビングルームが見下ろせる構造になっている。Airbnb のサイトの写真で、トップに掲げられていたのが、この構図だったたと思い出す。

リビングルームには暖炉もあって、なかなか雰囲気がある。

一番魅力的な空間を目立つように掲載するんだな、と感心する。

これで定員は八人だったから、和室に四人ずつの計算なのだろうか。

チェックインは、タブレットを使った承認システムではなくて、宿帳のような用紙に住所や名前を書き込むアナログなスタイルだ。

「カンシュクなんだろうね」

レビューの数からして開業してずいぶんたつようだから、民泊新法ではなく、旅館業法の簡易宿泊所としての営業なのだろう。

「お風呂もなかなかいいじゃない」

石造りの浴槽は高級感があり、浴室の壁に取り付けられたライオンの顔の蛇口から源泉が溢れている。わが家の離れには、古代檜風呂の浴槽があり、それを売りにするつもりだが、浴室の面積自体はこちらが広いかもしれない。

キッチンにも基本的な調理器具は揃っていて、明日の朝食の準備は問題なさそうだ。


その晩は、順子と二人で、大平台で唯一の寿司屋「みどり寿司」に行った。

いつも出前を取っていた馴染みの店である。

わが家の目の前にある、同じく唯一のラーメン屋「大平亭」とあわせて、どれだけお世話になってきたかわからない。

「いらっしゃい。あれ、珍しいね」

「今日はね、民泊に泊まっているのよ。この子達がうちでも民泊やるって言うから」

ああ、言っちゃった、と私は心の中で思っていた。

準備が整ったら、近隣に正式の挨拶に行くつもりだったのに。

ほかの民泊に出前することも多いというご主人に問いかける。

「うちの民泊も開業したら出前してもらえますか」

「もちろんいいよ」

帰り際、私は写真付きのメニューをもらった。

開業後、周辺のガイドを用意しようと考えていた。シュンスケさんの家にも地図や観光施設のパンフレットがファイルに入っていたからだ。

それより完成度の高いガイドのファイルを作ろうと、気持ちが盛り上がってくるのを感じていた。まずは、みどり寿司のメニューを英語付きで入れよう。

第二章　膨れ上がる改修費用

民泊開業にあたり、最初の関門と思っていたことがある。

近隣住民に工事と民泊開業の挨拶と説明をすることだ。民泊の用語で言うところの「近隣周知」という作業である。

本来、これは許可申請を届け出る十五日前までにすればいいとされ、工事着工と同時にする必要はない。藤岡さんは、工事の挨拶だけ先にして、民泊開業の説明は後でもいいと言ったけれど、私は、早めに知らせた方がいいと思っていた。

大平台は小さな集落で狭い世界だ。

わが家は、祖父が母屋を建てた一九三〇（昭和五）年からここに住んでいて、かつては富士屋ホテルの経営者だった。父が生活の本拠地を東京に移してから三十年以上たっているけれど「駅前の山口さん」と言えば、誰でも知っている。スパを営業していることも認知されているし、どうせ説明するなら、早めにしたほうがいい。

そう思っていた矢先に、継母の順子が一足早く、馴染みの寿司屋、みどり寿司で民泊を始めるとカミングアウトしてしまった。

みどり寿司では、ほかの民泊のゲストがお客さんになっていることもあり、おおむね好意的で、私たちが民泊を始めると言っても、驚くそぶりもなかった。

とは言え、私の中では世間的に民泊はネガティブに思われているという意識があったから、内心はとても心配していた。実際、私たちが住む川崎のマンションでは、管理組合の規約で民泊は禁止されていて、あちこちに「民泊厳禁」の貼り紙がある。

夫と私で近隣を廻ることになったのは、工事着工後まもなくの三月七日だった。


「周知告知文」なる文面は、Kから雛型をもらった。

「ご挨拶と実施事項周知について」と題された、ごく簡単なものだった。


「拝啓、時下ますますご清栄のこととお慶び申し上げます。

平素は格別のご高配を賜り、厚く御礼申し上げます。

さて、この度2019年6月に神奈川県足柄下郡箱根町大平台○○○にて住宅宿泊事業法での宿泊施設のオープンを予定しております。

つきましては今後の問い合わせ先をご案内申し上げます」

その下に、工事施工業者として藤岡さんの事務所の住所と連絡先。さらに、管理運営業者としてQ社の住所と連絡先を入れる。ただし六月一日以前は、わが家が連絡先になる。周知告知は、ポスティングでもかまわないのだが、私たちは、対面で挨拶することにした。祖父の代からの地元、大平台で半端なことはできない。

ただでさえ「堅吉さん（祖父）の時代は、植木の手入れもよかったのに」と言われる。祖父の時代は、富士屋ホテルの庭師が頻繁に手入れしていたのに加えて、庭の樹木もまだ小さかった。今は、こちらの懐具合が心許ない上に、すっかり樹木が育ってしまっている。庭木の繁茂と山口家の興隆の反比例が恨めしい。

チラシ一枚で挨拶するのも何なので、手土産のお菓子も用意した。

ルールに基づく周囲約十メートルというと、隣家の民泊を入れて六軒になる。四軒は一般住宅で、もう一軒は「てっちゃん」という居酒屋である。

わが家の立地は、箱根登山鉄道の大平台駅の目の前である。国道一号線をはさんで、駅側に上りの、わが家側に下りのバス停がある。

目の前に駅がある門からアクセスするのが母屋で、その裏のやや高台に立つ離れには、母屋に向かって左側に伸びる細い坂道を上がって別の門から入る。三軒と「てっちゃん」は、その裏門に隣接し、残り一軒が母屋側の隣家だった。

まず一軒目、自治会長でもあるBさんのお宅に向かう。

二〇一八年、箱根ではイノシシが大暴れし、私たちは往生した。その時もイノシシ対策のことで、相談したことがある。Bさんから柵が一番との助言を受け、わが家でも敷地の周囲に柵を巡らせたのだった。

そんな感じの顔見知りではあるが、恐る恐るピンポンする。

「いつもお世話になっています。隣の山口です」

「藤岡さんが先週から工事に入っているよね。また何かやるの?」

母屋の工事の時から、藤岡さんとも顔なじみなのだ。

「あ、はい。実は、民泊を……」

「ああ、そうなんだ。お隣も流行っているよね」

あっけないほど、肯定的に受け止めてくれる。

「よろしくお願い致します」

頭を下げて、手土産を渡した。

二軒目の家では、さらにこう言われた。

「それは、よかったね」

空き家でなくなって、よかったね、という意味である。

「おめでとう」に近い感触に、拍子抜けしつつも安堵して返事をした。

「はい、おかげさまで」

留守だった一軒については、隣家がチラシと手土産を渡してくれることになった。

居酒屋「てっちゃん」も好感触だった。

「わざわざすみませんね」とかえって恐縮された。

ここもみどり寿司と同じで、ゲストがお客さんになる可能性がある。民泊は歓迎してくれているようだ。

母屋の隣家のHさんは、以前に植木が伸びすぎて迷惑をかけたこともあり、心配したが、民泊開業については何の問題もなかった。

住宅街では、スーツケースを引いた外国人がうろうろすることに目くじらをたてる人が多いけれど、温泉地である大平台にとっては、飲食店のみならず、街に賑わいをもたらす存在として、少なからず歓迎されているようだ。

大きな関門を突破して、ひと安心だった。

四年前の母屋の改修工事では、昭和五年建造の家を元の状態に戻すことが基本だった。

母屋は初期モダニズムの影響を受けた、シンプルで地味な洋館だった。

藤岡さんは、鎌倉のお寺など、文化財の改修も多く手がけている。その手腕に任せて、内装も家本来の良さが引き立つことだけを考えた。藤岡さんも張り切って、同じ時期に建造された洋館が取り壊されると噂を聞くと、現場に駆けつけて、古いカーテンレールを拾ってきてくれたりした。書斎に取り付けるとぴったりで、とてもいい雰囲気になった。父の親友がカーテンレールのメーカーだったことから、どの部屋もカーテンレールだけは、中途半端に新しかったのである。

そして改修後、母屋は国の登録有形文化財になった。

私は、かねてから箱根町郷土資料館の学芸員と親しかった。彼らは、文化財の担当でもある。

家の天井裏から出てきた古い資料を「寄託」というかたちで預かってもらったり、気軽に話せる間柄だった。そうした関係から、改修してスパを開業するタイミングで、以前から打診されていた文化財に登録することにしたのである。

母屋は、設計図もあるし、富士屋ホテルと同じ河原徳次郎という棟梁が建てたことが記録に残っている。でも、離れには、そうした記録は一切ない。

だが、藤岡さんは「母屋ほど凝った造りではないけれど、きちんとした大工さんがきちんと建てた家」と評価する。

今回工事をする過程でも、竣工年のわかる証拠は見つからなかった。でも、キッチンにあしらわれた模様ガラスなどから、昭和三十年代前後の建物だろうと藤岡さんは言う。

木造の平屋建て。床面積は、五八・六七平米。六畳の和室が二室で、台所に板の間のリビング兼ダイニング、それにお風呂とトイレ、洗面所がある。檜のお風呂には温泉が引かれている。少し特徴的な造りとしては、和室にそれぞれ縁側があって、そのひとつは縁側と言ってもかなり奥行きがあって広く、窓際に板の間の小さな部屋がある感じだ。

母屋と違い、設計図も残っていない離れは、私たちの理想を少し反映した改装にしようと思っていた。昭和二、三十年代の家を「古民家」と呼んでいいのかどうかわからないが、そう呼べる雰囲気にまとめたい。

工事が始まって、天井を取り払うと、なかなか立派な梁が姿をあらわした。

「この梁を生かすと、古民家っぽくなるよ」

天井を剝がしたら見事な梁が現れた

藤岡さんが言うように、梁が姿をあらわしただけで、空間に開放感が生まれ、だいぶ雰囲気が変わった。

室内の塗装については、私のほうで理想のイメージがあった。

ちょうどその頃、たまたまご縁があって訪問した三浦半島の家である。

離れと同じ昭和二、三十年代に、アメリカ人ジャーナリストの注文に応じて日本人の大工が建てたもので、そのテイストを生かして改装した住宅だった。

伝統的な日本家屋に西洋的なライフスタイルをマッチさせた、喩えて言うならば、モダンジャパニーズの家。家としてのスケール感とセンスの良さは遠くおよばないが、大工がきちんと仕事をした点と、建てられた年代が、わが家の離れと共通している。

私が注目したのは、白い壁と、長押《なげし》などポイントとなる部分を黒か茶の濃い色で引き締める塗装だった。古民家の改装にもよく見られるものだが、室内をキリッと縁取る色彩のコンビネーションは、わが家の離れにも合うのでは、と思った。

この家と出会ったことで、昭和中期に建てられたであろう離れの価値を再発見した気がしていた。

藤岡さんに理想のイメージを伝えながら、具体的な塗装の色を決めてゆく。

二つある和室のうち、ひとつは和室のままで使い、もうひとつは板張りにしてベッドルームに改装することを決める。和室の畳は、扱いやすく汚れにくい素材にすることも検討したが、最終的に伝統的な和室らしさにこだわって本イ草に決めた。民泊という不特定多数が泊まる宿泊施設として、メンテナンスのしやすさと雰囲気の良さのせめぎあいは、悩ましかった。

和室にあった掘りごたつは、悩んだ末に残すことにした。火気の心配があり、今もこたつにはしていないが、椅子のように座れるのが便利だろうと考えたのだ。もし自分がゲストだったら、という目線で考えた。


三月、工事は順調に進んでいるかに思えた。

ところが、水廻りの工事で次々と問題が生じた。

そのたびに藤岡さんから連絡が入る。想定外の出来事は、すなわち想定外の費用につながるからだ。予算が少しずつ上乗せされてゆく。

だが、どれもが必要不可欠な水廻り関係なので、好みで取捨選択できない。予算をどれだけ越えてしまうのか、気が気でない日々だった。

最初の問題は浄化槽だった。

浄化槽は、スパのある母屋と共用である。スパが開業した四年前に、しっかり清掃していたはずだった。離れの工事に入る直前にも、法定点検を入れて「適合」のお墨付きをもらっていた。ところが、トイレの水が流れなくなってしまったのだ。

このままでは、スパの営業にも差し障る。

藤岡さんの説明によると、スパの開業に伴い、最新式のトイレに入れ替えたのが原因のひとつだと言う。最近のトイレは節水型で、昔のトイレと比較すると、かなり少ない水で洗浄できるようになっている。それが旧式の浄化槽には、よくなかったようだ。

民泊の営業が始まれば、浄化槽に流れる汚水も増える。今のうちにしっかりと対策しておかないと、大変なことになる。

しかたない。別途予算を組んで、浄化槽の大掃除をしてもらった。

すると、現場の藤岡さんから、また連絡が入った。

浄化槽の中に何かが詰まっているとのことだった。これまでも定期的に掃除はしてきたが、高圧洗浄で洗うだけで、中に詰まっているものまで取り出すことはなかったらしい。

汚泥の残る浄化槽の中から出てきたのは、なんと巨大な木の根っこだった。

藤岡さんは、興奮気味に根っこのことを描写する。

「井戸の中から出てくる、貞子みたいだったんです」

貞子とは、ホラー映画の「貞子」である。

井戸の中から貞子が姿をあらわす映画の場面さながらに、浄化槽の中から人の姿に似た根っこが出てきたというのだ。

不気味に増殖した根が髪の毛のように広がっていたという。その場に立ち会っていたわけではないが、何とも不気味な話である。

ちなみに「貞子」は、祖父堅吉の最初の妻、この家の最初の女主人の名前でもあった。


ひと安心したところで、藤岡さんからまた連絡が入った。

興奮気味の口調で言う。

「配管が大変なんですよ。また木の根っこが出てきたんです」

「また根っこ？　今度はどういうことですか」

「蛇みたいな根っこが配管のかたちに育って出てきたんです」

貞子の次は、蛇か。

写真が転送されてきた。

配管から、木の根っこが、そこから生えたみたいに飛び出している。なんだか蛇の姿をした妖怪でも見るようだった。

浄化槽は掃除したはずなのに、トイレが流れない。おかしいと思って、配管をすべて調べてみたら、根っこが詰まっていたことが判明したのだそうだ。

昭和中期に建てられたこの家の配管は、陶器のものが使われていた。陶器は六十㎝ごとに継ぎ目がある。毎日、水を使っていれば問題はないが、しばらく水の流れがないと、陶器の継ぎ目から、木の根っこが入り込んで成長してしまうのだと言う。排水が流れる管には栄養分がある。それでぐんぐん育ってしまうらしい。わが家に特有の事件ではなく、古い管を使っている家であればおこりうることらしい。

とはいえ、想定外だったのは事実だ。

離れの周囲の草むしりや草木の刈り込みは、私たちもやる。その時、いつも難儀するのが、土の中から出てくる頑固な根っこだった。

民泊の庭として、小さな花壇を二つ整備し、ハーブなどを植えたのだが、それを造る時も、土を掘り起こしては根っこと格闘した。

そうか、あの根っこが配管に入り込んだのか。

そして、また費用が計上された。

水廻りの問題は、四月になってからもまた起きた。工事中、取り外しておいた洗面台を設置したところ、なぜか排水のところから水が漏れて水浸しになってしまったのだ。この家の排水は、お風呂や洗濯など、それぞれが別で四系統あるところが、洗面台の排水だけ、途中で途切れていたという。もとはちゃんと洗面所は使えたはずで、いつだれが、こんなことをしたのか、実際のところはわからなかった。

こうして、少しずつ追加工事が積み上げられ、改修費用は当初の見積もりより約百七十万円も増えてしまった。スパの経費から支払った浄化槽の清掃は除いての金額である。

家を完全に締め切っていたのは三年余りだが、日々の生活が営まれなくなってからは、長い年月がたっていた。平成の三十年が丸々入るくらいの年月だ。そうした家の再生には、目に見えないところで、通常の改装ではかからない経費が生じるのだと実感する。最終的に工事費用として支払ったのは、約八百七十九万円である。

腹をくくるしかない、という心境だった。

もう後には戻れない。いい民泊にして、たくさんのゲストに来てもらうしかない。

四月初旬で大工工事はほぼ終わり、内装工事が始まった。

壁は、ほぼ白に近い淡いクリーム色。長押や梁などアクセントになるところと天井は濃茶色。

塗装が出来上がると、見違えるほど、かっこよくなった。

ただ古いものが新しくなったというだけでなく、家に新しい命が吹き込まれた感じがする。同時にインテリアのアイディアもいろいろと浮かんでくる。

この頃、問題になったのが、インターネットとテレビの導入だった。

当初、フレッツ光でのインターネット接続とテレビ視聴を想定していた。しかし、問い合わせてみると、箱根はフレッツ光でテレビを視聴できない地域だと言われてしまった。

またもや、まさかの想定外である。

テレビを視るならば、ケーブルテレビに入るようにと言われる。

そう言えば、その昔、大平台テレビ協会なるものがあって、共同アンテナがあったことを思い出す。だが、地上デジタルの時代、そんなものはとっくになくなっている。

大平台では、どうやってテレビを視ているんだろう。

助けてくれたのは、古い知り合いだった。

スパを開業した時、久しぶりに再会した小学校時代の友人である。大平台で角山という生麩の製造販売所を経営している。親の代からの商売だったが、いつのまにか社長になっていた。大平台の商工会会長でもある。

そうだ、角山に聞いてみよう。

「ちょっと聞きたいことがあるんだけど」

「いいよお、なあに」

「テレビってどうやって視ているの？」

「えー、どういうこと？」

「大平台は光テレビが視られないって言われて」

「ああ、光なんて駄目だよ。アンテナ立てて視ているよ」

「アンテナ？」

「そうだよ」

「どうすればいいの？」

「電気屋に立ててもらえばいいんだよ」

「電気屋？　どこに頼めばいいのかな」

「うちが頼んでいるところでよければ紹介するよ」

「助かったあ、ありがとう」

そして、インターネットはＮＴＴの回線を引いて別途、契約を結ぶことにした。

こうして光テレビが視られない事件は、一件落着したのである。


この頃、私たちの間で、ふつふつとわき上がっていた疑念があった。

初期コンサル費用を払ったＱ社のＫが何もしてくれないことだった。

テレビの問題でも、まずはＫにメールを送った。

だが、戻ってきた返事は〈テレビの閲覧に関しては個人差があるものの地上波がみられないとのクレームもいくつかこれまで出ているので、設定を行うべきかと思います〉という内容だった。

そんなことはわかっている。どんな解決方法があるのかを教えて欲しかった。

でも、それ以上は、何の返事もなかった。

Kは何かと言うと「大阪出張」だと繰り返すようになった。

大阪は、民泊新法施行以前の二〇一四年に条例で民泊を認める「国家戦略特区」になっている。いわゆる特区民泊の自治体だった。Q社の案件が増えているのだろう。

でも、箱根はどうなっているんだ。

私たちの疑念は、Kが箱根町の事情にあまりに通じていないことにもあった。それは、温泉の話をした時にも感じたことだ。許認可のこともそうだった。結局、保健所や消防署など、煩雑な手続きはすべて藤岡さんがやってくれた。そうしなければ、開業が間に合わなかったからである。

改装予算が膨れあがったのは、水廻りの想定外が大きかったけれど、こうした許認可申請の代行料をお支払いした部分も多い。

何のためにQ社はいるんだ。

保健所に申請を出すためには、住宅宿泊管理業者の番号が必要だ。そのためだけの十八万三六〇〇〇円だったのか。

それでも工事は順調に進み、ゴールデンウィークまでに内装はほぼ完成していた。

五月四日には、家具とカーテンを選びにいった。

予想以上に改装費用がかかってしまったので、基本的な家具は「お、ねだん以上。」のニトりで揃えることにした。加えて、わが家にあるアンティーク家具をいくつか配置して差別化する。

アンティーク家具としてまず選んだのは、母裕子が勉強机にしていた、私自身も使った記憶のあるライティングデスクと椅子だった。

母屋が建てられた昭和初期からあったものなのか、富士屋ホテルで使われていたものなのか、来歴はわからないが、ある時期から、不要品として離れに運び込まれていた。工事中はいったん母屋に戻したが、もう一度運び込んで、和室に続く広めの縁側に置いてみる。すると、とてもいい雰囲気になった。

傷がついているのが気になったが、藤岡さんに「アンティークらしくていいじゃない」と言われて納得する。

ライティングデスクはインテリアのポイントとして選んだのだが、使えるものは使おうというエコの精神で残したのが、大きな本棚とダイニングテーブルである。

本棚に本を並べてライブラリー風にするといいかも、と思った。濃いめの茶色で塗り直すと、悪くない。

ダイニングテーブルにしようと思ったのが、不思議な高さのテーブルだった。

「これ、何に使っていたのかな」

藤岡さんが不思議そうに聞く。

「同じものを富士屋ホテルで見たことがあるけど」

「へえ、ホテルで使っていたテーブルなんだ」

「たぶん、そうだと思う。花を飾ったり、そういう台にしていた気がする」

母屋のスパにも同じものがあり、やはり花を飾ったり、サプリメントなどの商品を並べるのに使っていた。

「ダイニングテーブルだと、どう考えても高すぎるよね」

「何とかなりますか？」

「脚を切ってしまおうか」

脚を切ってやや低めにし、天井などと同じ黒っぽい色で塗装すると、いい感じになった。これにあわせて、色調の似た色の椅子を二脚、ニトリで選んだ。

母屋に戻しても大きくて邪魔になるばかりのソファベッドも、不要品活用の精神で民泊に使うことにした。新しいカバーをかければそれなりになる。


アンティーク家具として、最後の最後に加えたのが、和室においた小さな和箪笥である。床の間だったスペースに何もおかないとどうにも間抜けで、どうしたものかと思っていたところ、これが似合うかも、と突如閃いたのだ。

それは、母屋の玄関脇にある和室においてあった。

竣工時の設計図には、「婦人室」とされていた部屋だ。

私が生まれた頃には「アイロン部屋」と呼ぶ、アイロン台や裁縫道具がおかれた、ホテルで言うところのリネン室のような作業部屋になっていた。でも、部屋自体は繊細で精巧な趣味のいい和室で、その和箪笥は、ずっとそこにあった。

「婦人室」とは、聞き慣れない名称だが、男の主人のプライベートゾーンとして書斎があるのと同じように、女主人のプライベートゾーンとして設けられた部屋のことを言う。男たちが男同士で集まる社交を重んじたビクトリア朝時代の英国で生まれたものらしい。たとえば、長崎のグラバー邸でも見た記憶がある。クラシックホテルの川奈ホテルにも、男女別々に使われたという社交の部屋があって、これも婦人室の系譜と言えた。

祖父の堅吉は、山口家に婿入りしてホテルマンになる前は、日本郵船のパーサーだった。南半球のオーストラリア航路に乗船していたという。生まれは三重県桑名の蠟燭問屋だったが、そうした経歴から英国式の生活様式を身につけていた。朝食は、決まってトーストとベーコンエッグ。クイーンズイングリッシュを話し、マナーにうるさかった。そんな祖父が施主の洋館だったからこそ、婦人室を設けたのかもしれない。

竣工当時、堅吉の妻だったのは、富士屋ホテルの創業者の次女貞子だった。貞子が亡くなった後、後妻となった千代子が、私の祖母になる。

貞子は外国語にも長けていたようだが、身につけていたのは和服だった。そのため、婦人室は和室にしたと考えられる。

母屋が、国の登録有形文化財になったのは、応接間だけが洋室の、とってつけたような洋館ではなく、西欧のライフスタイルを取り入れた家であったことへの評価だったと聞いた。

小さな和箪笥は、そうした母屋の歴史にもつながる家具だった。

ベッドルームの家具は、ほぼニトリで揃えた。

ベッドは、天井の塗装とよく似た色のものがあって、それを選んだ。ベッドサイドテーブルも、とにかく色を合わせた。

マットレスは、ベッドよりも高価なものを選んだ。寝心地は大切だと思ったからだ。

押し入れだった部分の三分の一はリネン庫にしたが、残り三分の二は、上部の空間にハンガーパイプを渡してクローゼットにした。そこにおいたローチェストもニトリではあるが、アンティークふうの塗装が施された、少しいいものにした。襖を閉めれば見えなくなるから、安いものでいいと夫も藤岡さんも主張したが、私なりのこだわりだった。

もうひとつこだわったのは、クッションカバーなど、目立つものは量販店で揃えないことだった。一般の家具は、インテリアの中に溶け込んでしまうからいい。だが、目立つものは、どこかで見たな、という既視感につながる。

これらは、オンラインショップで丹念に探した。

リビングのソファにおくクッションには、猫好きの夫の意見を反映して、とは言え、猫だけでもどうかと思うので、観葉植物と猫がデザインされたものにした。

ベッドの上におくクッションは、悩んだ末、北欧デザインにした。

フィンランドの建築家、アルヴァ・アアルトが一九五四年に自室のためにデザインしたとされる「シエナ」だ。イタリア、トスカーナのシエナ大聖堂の大理石の縞模様を連想させる。古民家と北欧デザインの相性がいいことは後に知るが、このデザインが生まれたという一九五四（昭和二九）年という年にも、この家とのシンクロニシティを感じたのだった。

家具の搬入は、すべて五月下旬に間に合うよう手配した。

白物家電やテレビもすべて購入済みで、同じく五月下旬に間に合うよう手配していた。

温泉の許可証、よく大浴場に掲げてある証明書のようなものも、五月中には届く手はずになっていた。

消防の立ち入り検査日も五月二十七日で設定した。

あとは、リネンや備品類さえ揃えれば、ぎりぎりのスケジュールではあるが、六月一日に開業できると考えていた。

第三章　運営代行業者との決別と出会い

ゴールデンウィークの終盤、はたと気がついた。六月一日の開業予定まで一ヶ月を切っているのに、二月下旬以来、一度もQ社のKと会っていない。

質問項目は、その都度メールで送っていたが、返事がないことが増えていた。鍵とチェックインシステムという、民泊開業にあたり最も重大な部分はQ社任せなのに。

慌てていなかったのは、Q社を信頼していたからである。

だが、いささか心配になってきた。

ようやく、私と夫と藤岡さんの三人でKと会うことになったのが、五月九日だった。

Kが指定してきた場所は、以前に会った新宿の高層ビルではなく、「新宿営業所」だという新宿駅南口近くの雑居ビルの一室だった。なぜ本社があるはずの新宿に「新宿営業所」があるのか気になったが、まず鍵のことをたずねた。

すると、鍵はキーボックスにすると言う。

プロジェクトの開始から半年弱、私たちは、まだ民泊の細かいルールについて、それほど詳しくはなかったが、民泊新法による「家主非居住型」では、スマートロックの導入が原則である。

リネンやアメニティのことをたずねると、開業後は別の担当者になるから、と言われた。ならばしかたない。早めに開業後の担当者を紹介してほしいと伝えた。

宿泊料金の設定について聞くと、とたんにKの表情が明るくなった。

部屋にあったホワイトボードに一年間のシミュレーションを書きながら、意気揚々と説明してくれたことをよく覚えている。

ADRという業界用語を連発していたのが記憶にある。

アベレージ・デイリー・レートの略で、年間の平均客室料金のことをさす。民泊の用語と違って、そちらであれば私も専門だからわかる。

だが、ADRよりも何よりも、許認可申請と鍵がなければ開業できない。

私たちは、少し冷めた感じで、Kの饒舌な説明を聞いていた。

その打ち合わせで、保健所に出す住宅宿泊事業の届け出は、Kが記入して提出することを私たちは再度確認した。

翌々日、届け出の最初のページに署名捺印した書類を送ってほしいとのメールがようやく届いた。だが、そのほかのページに必要事項は記入しておらず、それは後から記入するとのことだった。不安が募る。

送付先に示された住所も、新宿の高層ビルではなく、五月九日に面会したビルだった。だが、本社だろうが営業所だろうが、もはやそんなことを気にしているタイミングではない。

メールを受け取った翌々日に、私たちは捺印した書類を返送した。

五月十三日のことである。

そのほかの申請に必要な書類は二月に送付済みだった。あとは、Kが必要事項を書き込めば、保健所への申請は問題なく終わるはずだった。

だが、申請したとの連絡がない。

再び催促すると、五月二十日には申請するとの返事だった。週明けの月曜日である。

私たちは、再度念を押した。

そして、申請が終わったら、消防の手続きのために、書類のPDFを添付したメールを藤岡さんに送ってほしいと伝えた。

だが、二十日になっても、申請の連絡はなく、藤岡さんにも連絡はなかった。

メールには全く返信がない。電話をしても留守電。ショートメールを送ってもスルー。いったい、どういうことなんだ。

ついに夫が言った。

「Kの上司に連絡してみる」

「上司？」

「いくら何でも無責任すぎるよ」

そして夫は、Q社の代表番号に電話をし、Kの上司を呼び出したのだった。

夫の電話をきっかけに事態は、思いがけない方向に急展開する。

「Kの上司は、Jという外国人だった」

「外国人？」

「そう、日本語は上手いけど」

「それで何だって？」

「今日の夕方、アポイントを取ったから会いに行こうよ」

「えー、今日？」

五月二十三日のことである。

夫がアポを取った相手は、Q社の副社長だったらしい。別に副社長を呼び出したわけではないけれど、Kの上司を出してほしいと言ったところ、電話に出たのがJだった。

その日、私もようやくKを捕まえて、電話で話したところだった。

私は、彼が現地に一度も来ていないことに腹を立てていた。夫とは少し焦点がずれたところで、Kに怒りをぶつける。一方のKは、夫が副社長に連絡したことに腹を立てていた。「立場がない」と泣き言を言うが、そうさせたのは誰なんだ、と思った。

結局、私と夫と二人で、新宿に出向くことにした。

「どこで会うことになっているの？」

「会社だよ」

夫は、高層ビルの方だと断言する。

私は、新宿営業所のことを思い出し、少し不安になっていた。

アポは午後六時半だった。少し早く着いた私たちは、約束の時間までカフェで時間をつぶした。

そして、Q社があるという三十二階に向かった。

Kとの面会はいつも四階で、三十二階に行ったことはない。

エレベーターで三十二階に上がる。

だが、Q社の名前はどこにもなかった。あったのは別のカタカナ名称の会社だけ。しかも扉が閉まっていて中に入れない。どういうことなんだろう。

廊下でおろおろしていると、通りかかった人が声をかけてくれた。

「誰かお探しですか」

「Q社の方とアポイントをとってきたんですが」

「ちょっと見てきましょうか？　男性ですか女性ですか？」

「男性です」

親切なその人は戻ってきて言った。

「いないみたいですね」

「……」

私は、頭に血が上っていくのを感じていた。

最初は、夫の怒りの方が大きかった。私は、上司とアポをとるのもどうなのか、と思ってついてきたのだが、すっぽかされて、むらむらと怒りがこみ上げてきた。

「どういう会社なんだ。失礼にもほどがある」

夫がKの携帯に電話をする。

どうしてJはいないのか、なぜアポを反古にしたのかと追及すると、自分が上司に今日のアポはキャンセルになったと話した、と言うではないか。

なぜそんなことをしたのかと問い詰めると、昼間の電話で、私が今夜のアポに同行するかどうかわからない、と話したことを指摘する。行かないとはひと言も言っていないし、仮に私が夫に同行しなかったとしても、アポを取った本人が行かないわけがない。

そんな曖昧なやりとりでキャンセルと判断するなんて、非常識がすぎる。


Kのことはもちろん、私の怒りの矛先はJにも向かっていた。

よく考えればJに罪はないのだが、それだけ頭に血が上っていたのだろう。

帰り道、収まらない怒りをもてあましながら、私はQ社のことをあれこれ検索した。検索していくと、Jの顔写真が出てきた。

そう悪者でもなさそうな、白人男性の顔がそこにあった。

夫が思い出したように言う。

「今日の会社だけどさ、思い出したよ」

「なあに?」

「レンタルオフィスの会社だよ」

そちらも検索してみる。

個室のオフィスレンタルだけでなく、デスクひとつのレンタル、もしくはコワーキングスペースだけでもレンタルできる。新宿の高層ビルを本社として利用できるサービスを提供していた。

そういうことだったのか。

四階のカフェ兼コワーキングスペースは入居企業専用とあるから、この会社にオフィスを借りている企業の社員であれば、利用できるのだろう。

Kの名刺には、高層ビルの住所しかない。書類を送った新宿南口のビルにも事務所はあるけれど、見栄えのいい高層ビルの住所を本社にしている、というのが真相なのだろう。

初めて行った時、何となく今っぽい空間と感じたが、こうした会社のあり方もまた今っぽいということか。

会社の実態がないとか、騙されたとか、少なくとも、そういうことではないようだ。

しかし、だからといって、今日のすっぽかしは許されない。

私は、Jに約束を反古にした謝罪のメールをよこすよう、Kに伝えた。

約束の期日に、Jからは日本語の謝罪メールが届いた。

読んでみると、彼の顔とプロフィールから感じた誠実そうな印象は、そう間違ってはいなかったようだ。

しかし、私たちの担当者はKであり、根本的な問題は解決していなかった。それでも夫が上司に連絡をとった効果は少なからずあった。以後、Kが言い訳めいた時間稼ぎをしなくなり、こちらの質問に答えるようになったからである。

夫からKにあらためて、以下の項目をメールで確認した。

①消防の適合通知書が手元に届き次第、貴社は民泊の届出を速やかに保健所に提出する。
②上記届出作業を含めて6月20日の開業を目途に準備を進める。
③届出作業に対して、別途貴社は請求を行わない。

想定した開業日は一週間後に迫り、開業日は延期せざるを得なかった。

Kからの返事は以下のような内容だった。

①最短で6月20日頃とお伝えしましたが、行政側の処理スピードなど考えてもあくまでも最短となりますので予めご了承ください。
②ご一緒に請求書内容をご確認頂いたかと思いますが、コンサル費用のご入金は頂いているものの申請費用については別途発生します。
③本来であれば15万の請求を行いますが、本件弊社側のアポイントの連絡調整などを踏まえて10万（税別）のディスカウントを行います。

③の回答に夫が激怒したことは言うまでもない。

Kが根拠とするのは、第一章で示した「許認可取得の支援」という項目だ。「支援」であって「取得」ではないから、初期コンサル費用に含まれないというのが、Kの言い分だった。

確かに、あらためて項目を見直すとそういう表現になっていることに気づくのだが、Kは、許認可申請について、当初は、はっきり自分の仕事と認識し、てきぱきと必要な書類の種類を伝えてきた。だからこそ、契約し、初期コンサル費用を払ったのだ。

その後も、許認可申請の話は何度もKとしているが、彼は「こちらでやります」と言うばかりで、超過料金を一度も説明しなかった。

藤岡さんは、工事の進行中、ほんの小さなことでも、超過料金が発生する作業がある時は、必ず事前に報告してくれる。

夫がさらに激怒したのは、メールを送る直前の電話のやりとりでも、Kが「無料でやる」と発言していたことだ。アポすっぽかし事件に加えて、いきなりの前言撤回で、私たちとKの信頼関係は崩壊したと言っていい。

Kが何もしないので、すでに藤岡さんが申請の準備を進めており、住宅宿泊管理業者の登録番号さえあれば、保健所への申請は私たちだけで問題なく出来る。

夫は、申請関連書類を直ちに返送するようメールを送った。

夫にとって、Kとの信頼関係が決裂する引き金となったのが十万円の追加請求だったのに対し、私にとってのポイントは違うところにあった。

清掃会社のことである。

Q社に初期コンサル費用を払う決め手となった、箱根に有名IT企業の名前を冠したホテルが開業するからそこの清掃会社を派遣できるという話が、虚偽だったことが発覚したのだ。

当初、開業は六月一日の予定だった。そのため、藤岡さんが建築関係の仲間と六月八日に民泊に宿泊したいとずいぶん前から頼まれていた。翌日に小田原でイベントがあるので、その前泊ということだった。「最初のお客さんだね」なんて言っていたのだが、思わぬ事件が続き、開業前に泊めることになってしまった。

布団や枕はすでにある。最小限のリネンは準備していた。タオルとシャンプー、リンスなどのアメニティは持参してもらうことにした。

清掃をどうしようか。

箱根の市場調査も兼ねて、どこかに依頼することにした。

検索すると、Y社という清掃会社がヒットした。箱根で民泊の清掃をやっているという。

早速、見積もりをとってみることにした。

打ち合わせは現地で、ということになり、大平台の離れに来てもらった。

小さな会社で、電話の問い合わせに対応してくれた相手が代表者だった。

藤岡さんたちが泊まる日のスポット清掃をお願いすることにした流れの中で、Q社のことも聞いてみた。

「Q社って知っていますか?」

「箱根で民泊を運営している会社ではないと思いますよ。あ、でも、その会社、なんか聞いたことがあるなあ」

「どういうことですか？」

「箱根で民泊の清掃が出来ますか、と問い合わせがあったと思います」

「本当ですか？」

「たぶんその会社です」


その頃、Ｋともメールのやりとりを続けていた。

すべてのメールにＪ宛のＣＣもつける。

Ｋの返事が滞ると、Ｊに直接コンタクトする、というテッパンの「スキーム（枠組みを持った計画）」が構築されていた。ちなみに「スキーム」は、Ｋの大好きな言葉である。

私が五月二十七日を期限として、Ｋに確認したのは、一度は現地に足を運ぶこと、そして、何よりも気になっていた清掃のことだった。あわせて開業予定という親会社のＩＴ企業系列のホテルのことも聞いた。

Ｋの返事はこうだった。


〈宿泊施設に関しては、現在も建設中のため名称が確定しておりません。

また、清掃については弊社での清掃業務となります。

（リソースは確保してあります）

以前お話していた内容はそちらの箱根のホテル運営にあたり、リソースを確保していますとお話しておりました〉

リソースの確保？　お得意のややこしいカタカナワードを使ってきたな。ここでの意味は、リアルの清掃チームという意味だろう。私が開業前のスポット清掃を依頼したY社のことなのか。
さらに突っ込んで聞いた。

〈『弊社での清掃業務』とは、どういう意味ですか？　『貴社直営の清掃業者』ですか？　『貴社が業務委託する清掃業者』ということですか？　後者の場合は、『リソースを確保している』だけでなく、清掃業者の具体的な名称を教えて下さい〉

すると、しばらくたって、ようやくこんな返事が返ってきた。

〈『親会社の運営する宿泊施設が箱根に開業するので、その清掃スタッフに清掃を依頼できる』という部分について相違はございませんが、具体的にいうとすでに箱根に施設がオープンしている場合であっても、その施設スタッフが清掃業務を行うわけではなく、清掃、リネン設置（配送）、ゴミ回収対応における業務が他の施設を含む全業務を請け負いやすいという事です。
それと、本件の清掃及びリネン設置やゴミ回収業務については問題なく執り行えます。
弊社グループ内にて清掃会社があり、案件契約に関しては弊社との契約になるため、弊社にて清掃含めた全業務を行うと再度ご理解いただけると幸いです〉

だいぶ日本語も混乱してきたが、開業予定の宿泊施設で清掃をする予定なのはQ社のグループ会社であるところの清掃会社で、そこがわが家の民泊の清掃もするので問題ない、と言いたいのだろう。

グループ会社の清掃会社については、最後まで名称も何も出てこなくて、実態はわからないままだった。

親会社が運営するという宿泊施設は、何らかの事情で進捗が遅れているのだろうか。土地取得の後、さまざまな事情でプロジェクトが頓挫する、もしくは甚だしく遅れる、というのは、宿泊施設の開発では、ままあることだ。

この先は推測だが、このホテルのプロジェクトがあったので、Kは私たちの箱根の物件を受けることにしたのではないか。しかし、その後、計画の進捗が止まり、彼らがいうところのスキームに綻びが生じたのではないか。もしかして、それでKはY社に慌てて、清掃の対応が可能か、問い合わせをしたのかもしれない。

ここで私は、初めて重大な事実を理解した。

運営代行業者を選ぶにあたり、箱根で運営できるかどうかが、実は大きなハードルだったのだ。

私たちは、Q社に運営代行を依頼しないともう決めていた。

Q社との最後のやりとりは夫に任せて、私は、新たな運営代行業者を探すという、もうひとつの緊急かつ重大なミッションに取りかかった。

まずは、ネットで評判のいい運営代行業者を検索する。その上で、あたりをつけて問い合わせをする。最初に物件が箱根であることを伝え、箱根で運営可能かどうかを聞くことにした。

すると、どうだろう。ほとんどが候補から滑り落ちていくではないか。

箱根で民泊を運営することが、これほどハードルが高かったとは。

評判が良くて、プロフェッショナルな清掃チームを自社で抱えているようなところは、たいてい東京や大阪、京都など、大都市にサービス地域が限定されていた。

途方に暮れつつも範囲を広げ、さらに探した。

その結果、ようやく箱根で運営実績のある会社を見つけた。

民泊業界では最大手のひとつと思われるM社と、若い女性が切り盛りしている小さなG社である。

二社に絞り込んだのが、五月二十六日頃のことだったと思う。

もう時間の余裕がなかった。

私はすぐさま両社にコンタクトし、まずはメールのやりとりと電話で感触を確かめた。Q社にコンタクトをした頃と違って、少しは民泊のイロハを理解していた。さらに、改装が終わり、インテリアが完成して、私たちの民泊のイメージが明確になっていたことも、当時との大きな違いだった。

大平台の離れで民泊を始めることは、ふわふわした夢物語ではなくなっていた。

名称も決めていた。

夫からは長すぎると言われたが、私の意見を通した。

「ヤマグチハウス アネックス」である。

母屋のスパが「スパ アット ヤマグチハウス」だ。今回は、離れだから、文字通りの英語であるアネックスでいい。単純明快な名称だが、英語で発想したネーミングだから、インバウンドには通じやすいだろう。大平台のほかの民泊の動向を見ても、宿泊客のかなりの割合が外国人になるであろうことは予想された。

ほぼ同時に二社とコンタクトをしたが、レスポンスが早かったのはG社だった。

メールの返事を書いてきたのは、会社の代表、その人だった。

それだけ小さな会社なのだろうが、代表者が対応してくれるだけあって、こちらの質問には迅速にわかりやすく答えてくれる。

箱根では以前、一軒だけ運営実績があるとのこと。小涌園のマンション物件だったと教えてくれた。その時、依頼していた清掃業者があり、今回もお願い出来るとのことで、名称もあげて説明してくれる。

一方のM社は、レスポンスにやや時間がかかったものの、丁寧な対応だった。箱根は、物件の数を増やしたい重点地域だそうで、とても熱心な様子だった。

箱根ということで断られ続けていただけに、ありがたいと思う。だが、大きな会社だけに、質問によっては担当者が判断できず、別の部署に確認するため、返答に時間がかかった。

私が気になったのは、リスティングの文章はこちらで書きハウスガイドだけお願いしたいというリクエストが、同社で制作したリスティングを使用した物件が、どれほど高い売上げになったかの話にすり替わって、ハウスガイドのみの発注の料金を教えてもらうのに遠回りしたことだった。リスティングは日本語と英語のみにしたいというこちらの考えも、やんわりとはぐらかされた。

M社は、良くも悪くも完成したシステムが出来上がっていて、そのマニュアルにはめ込まれる感じがあった。

リスティングの文章や写真もM社のスタイルに統一し、パッケージ料金を支払ってもらいたいという意図を感じた。それらを受け入れていくと、民泊大手の一物件として、M社のブランドの傘下で民泊を運営する感じになる。

コンセプトや運営方法にシンパシーを感じているのならいいが、箱根で運営ができるという条件だけで選んだM社に対して、そこまでの気持ちは育っていない。私たちのスタンスには合わない気がした。

なにより私自身が、宿泊業界を取材し書く立場だっただけに、より抵抗があったのだと思う。

契約書の雛型も二社から取り寄せた。

そうしたものは、さすがに大手だけあってM社の方が完成度は高い。

それでも、気持ちはG社に傾いていった。

最初に問い合わせた時にもらったメールにあった言葉が印象的だった。

「弊社は大きく運営はしておりませんが、臨機応変に対応させて頂きますので、何かご要望ございましたらお気軽に仰って頂けましたら幸いです」

そう、「臨機応変」だ。

そういう運営代行業者を探していたのだ。

Q社のKと決裂していくなかで、否が応でも私たちは、自分たちで考えてことを進めなければならなかった。その中で、私たちの民泊に対する思いが具体的に膨らんでいった。

もちろん大きな投資をしたのだから、儲かってもらわなければ困る。だが、儲かればいいというスタンスでは、決してなかった。

シロアリで腐ると余命宣告を受けた家で、民泊を始める決心をした。その背景にあったのは、祖父が建て、父が守ってきた家を、私も守りたいという思いだった。

そのことをあらためて思い出す。

そうした思いを受け止めてくれる運営代行業者であってほしい。

私は、G社と面会のアポイントを取った。

直接会って話して、最終決断をするつもりだった。

G社とは、株式会社グレーシス。こうして私は、その女性社長、伊藤愛美さんと会うことになったのである。

六月四日、私たちの民泊は、大きな転換点を迎えていた。

私がグレーシスの伊藤さんとのアポイントを決めた後に、Q社のKから、箱根に来る日を同じ四日にしてほしいと連絡が入った。

火曜日で平日だが、夫が有給休暇を取ってくれるとのことで、Q社との面談は夫に任せ、私は伊藤さんと会うことにした。

指定された場所は、三軒茶屋のコーヒー専門店だった。

伊藤さんは、想像していた以上に若かった。

三軒茶屋の不動産屋の娘で、彼女自身の会社も三軒茶屋にあると言う。

「実家が不動産屋だったから、民泊を始めたんですか？」

「いいえ、それとは関係なくて。カナダに留学していたので、英語を生かせる仕事をしたいと思ったんです」と笑う。

さらに続けて言った。

「でも、ゆくゆくは父の不動産屋を継ぎたいと思っています」

二〇一六年四月、民泊新法以前、まだ民泊という言葉が出始めたばかりの都内で民泊事業を始め、会社を立ち上げたとのことだった。

大手のM社が民泊事業を始めたのも二〇一四年とのことだから、民泊業界での経験は、そう大きな違いはない。

「Mさんもよく知っていますよ」と笑う。

「新法以前からやっているところは、だいたいわかります。業界は狭いので」

事業としての民泊に最もうまみがあったのは、実は新法成立以前だったという。新法の年間一八〇日しか営業できない縛りは、急速に幅をきかせてきた民泊に従来の宿泊事業者が反発した結果、生まれた規制と言ってもいい。許認可をとるのも厳しくなり、撤退する業者もあったなか、M社もグレーシスも生き残ったということである。

「でも、住宅宿泊管理業者の登録者数はすごく多いですよね。法律が施行された六月十五日だけでも何十社も登録があったと聞きました」

「本気で参入するつもりはなくても、法律ができたことで、とりあえず登録する人たちも多いんです。ですから、運営に慣れていない業者さんもいらっしゃいます」

民泊新法施行後、雨後の筍のごとく、たくさんの業者が登録番号を取得した。宅地建物取引士、いわゆる宅建を持った人がいれば、簡単に取得できたので、とりあえず登録番号を取った不動産屋が多かったという。

私は、少し自分のことを話すことにした。

「旅行やホテルのことを取材して書く仕事をしています」

「すてきなお仕事ですね」

「それだけに、何と言うか、自分なりのこだわりがあるというか。儲かればいいという民泊はやりたくないんです。料金は少し高めに設定して、高品質な民泊をやりたいと思っているんです」

「すごくいいと思います。私もそういう民泊をやりたいと思っていました。民泊は、儲けたいだけの人が多いので」

「儲けなきゃ困りますが、儲けたいだけの民泊はやりたくないですよね」

「私もそう思います」

初対面ではあったけれど、通じあう何かを感じた。これまでの業者とは、感じたことのない感覚だった。

「たとえば、リスティングの文章は私が書き、写真も私が撮るつもりです。でも、ハウスガイドはお願いしたいと思っています。そうした依頼の仕方でも大丈夫ですか」

「全然大丈夫です」

M社では、嫌がられたリクエストだった。

「リスティングの文章は、とりあえず日本語と英語だけでやろうと思っています」

「問題ありません」

ウェブサイトは、あえて日本語と英語だけにする、という方針は、箱根の「一の湯」という旅館が採用している。中国人や韓国人に泊まってほしくないのではなく、旅慣れた旅行者であればどの国の人でも英語がわかるので、そういう客層であれば問題がおきにくいという考えだった。うちも同じようにやってみようと思っていた。アンティーク家具なども置いているので、マナーの悪いゲストを受け入れるのは心配だ。

ただし、伊藤さんのアドバイスで実際にヤマグチハウス アネックスに置くハウスガイドには中国語を加えることにした。やはり中国人マーケットは大きく、そのほうが親切という意見に納得する。

こちらの考えを尊重して、臨機応変に対応してくれる。

ここにお願いしよう。私は気持ちを固めた。

理想とする民泊のかたちに重なるものがあり、それを一緒にやっていこう、という気持ちがある。その安心感は何物にも代えがたかった。

伊藤さんは、民泊運営のリアルに通じていて、的確に返事をくれた。

民泊新法においては、キーボックスではなく、スマートロックを使わなければならないことをあらためて確認したのもこの時だった。

特定の番号で鍵を開ける箱に、部屋の鍵を入れておくのがキーボックスなのに対して、スマートロックは、毎回異なる暗証番号で鍵を開ける。よりセキュリティが高い。

Q社ではキーボックスしか案内されなかったと話すと、さりげなく言う。

「現実にはキーボックスで運営しているところもたくさんありますけど」

「うちはスマートロックでやりたいと思います」

「では、その会社を紹介しますね」

Q社が一度も詳細の説明をしてくれなかったチェックインシステムの業者も、すぐにつないでくれた。

「タブレットはどうすればいいんですか」

「iPad を購入して頂ければ大丈夫です」

「iPad でいいんですか?」

「はい、中古でもかまいませんよ」

「そうなんですか」

「取り付け方法については、業者さんからご案内があると思います」

セット販売で高いタブレットを買わせる、なんてことがないのも好ましい。

半年間、いったい何をやっていたのかと思うほど、さくさくとものごとが進んだ。

その日、箱根では、Q社のKが初めて現地に来ていた。

すっぽかすことも遅れることもなく、約束の時間に来て、常識的な対応だったという。夫は、Q社と契約を結ばないことを現地で彼に伝えた。

Kは反論することもなく、受け入れた。

初期コンサル費用の返金についても、約束してくれた。

箱根でリアルの運営をすることの困難さをKも感じ始めていたのかもしれない。

開業予定のホテルのことは、最後まで、予定地がどこであるのかさえ、詳細はわからないままだった。

都市生活で当たり前のことが、箱根の大平台ではことごとく不可能だ。

光テレビもそうだったが、たとえば、ピザのデリバリーさえできない。

アンテナを立てる電気屋を紹介してくれた幼なじみの角山にそのことを訴えると、当たり前じゃないか、という反応だった。

だから、角山は大平台の商工会会長だが、小田原に住んでいる。

箱根町は、観光地である表の顔にまどわされがちだが、神奈川県で高齢化率の高い自治体のひとつである。大手資本が入っておらず、家族経営の小さな旅館しかない大平台は、なかでも際立って高齢化率が高い。しかし、だからこそ、民泊というビジネスが入る余地があり、また周辺の住民もそれを受け入れているのだと思う。

外国人であれ誰であれ、若い人が楽しそうにしている様子は、老人ばかりの集落に華やぎと活気をもたらす。

一方、Q社のウェブサイトは、東京の夜景の写真から始まる。最先端のビジネスとしてのバケーションレンタル（あえて民泊とも呼ばない）を大都市で展開しているイメージである。

民泊というビジネスが、いかにロケーションによって異なるか、最初にQ社のKに説明されたことを私たちは、あらためて実感として受け止めていた。

そもそも法的な枠組みだけで、三つある。

私たちが選んだ民泊新法による民泊、旅館業法による簡易宿泊所、いわゆるカンシュクとして運営する民泊、そして、特区民泊、すなわち国家戦略特別区域法による民泊である。三つ目の特区民泊は、物件が適用される自治体、すなわち大阪府（三十三市町村で実施）、大阪市、八尾市、寝屋川市、東京都大田区、千葉市、新潟市、北九州市になければいけない。このうち民泊新法には、年間の稼働日数が一八〇日以内、特区民泊には、二泊三日以上の利用という制約がある。

Q社のKがしばしば出張を重ねていた大阪は、インバウンドの旅行者が増えていただけでなく、特区民泊であることで、バブルの状況を呈していたのだ。二泊以上の規定はあるものの、年間一八〇日以内の縛りがない魅力は大きかったに違いない。

この数年、民泊が大きく伸びた理由として、第一にインバウンドが増えるなか、宿泊施設そのものが不足し、売り手市場だったこと。第二にマンション物件など月単位の賃貸よりも効率的に収益があげられることから、新たな不動産投資として注目されたことがある。利用者にとっては、住宅を利用するため、ひとつの物件に大人数が泊まることができ、ひとりあたり割安な料金になるのが魅力だ。そうした相対的な料金の安さも、ほかの宿泊業者が目の敵にした理由だった。宿泊者のマナーの問題が取り沙汰されるのも、大人数が住宅に泊まるからだろう。

民泊でも家主居住型は、オーナーがゲストとの交流を目的としたところが多い。だが、大都市では、どちらかというと、そうしたアットホームな民泊より、急速に伸びた宿泊需要を取り込み、収益をあげることを目的とした物件が多かった。

本来、民泊というビジネスモデルには、大都市でも高齢化の進んだ地方の集落でも展開可能なポテンシャルがあると思う。だが、そこで必要なノウハウやオペレーションのあり方は、全く違うのである。効率的に収益をあげることをめざした大阪の都市部のマンションで民泊を開業するノウハウに長けていても、それが必ずしも箱根では通用しないのだ。

運営にあたっては自治体ごとに定められた条例があるが、たとえば箱根町では、町内に民泊の制限区域があり、大平台にも制限区域が設けられている。もしわが家がそのエリアだったなら、そもそもこのプロジェクトはありえなかった。温泉を利用する場合に届け出が必要なのも箱根ならではのポイントで、このあたりもKは全く把握していなかった。

法律の違いだけではない、さまざまな条件の違いが、物件ひとつあたりの規模が小さい民泊では、より大きく影響する。

Kには、箱根という観光地ブランドしか、目に入っていなかったのかもしれない。

だが、私たちも有名IT企業のブランドしか目に入っていなかったのだからしかたない。

私たちは、そもそもミスマッチの関係だったのだ。

その後、返金交渉は、Jに引き継がれたが、民泊開業までの期日に、こちらの請求額は満額支払われた。

そして、私たちは、グレーシスの伊藤さんと契約を結ぶことを決めた。

Kとの面談のために休暇を取っていた夫は、その翌日、準備していた書類の「住宅宿泊管理業者登録番号」にグレーシスの番号を記入し、保健所で申請を済ませた。

消防の検査は、運営代行業者の変更であたふたしていた五月二十七日、私と藤岡さんが立ちあって先に済ませていた。

新たな開業日は、七月一日に設定した。

グレーシスの伊藤さんは、後になって、私に告白した。

「実は、ウェブサイトから契約が成立したのは、山口さんが初めてだったんです」

「ええ、そうなの？」

「今まで手がけてきた物件は、知り合いからの紹介でした」

そういえば、グレーシスのウェブサイトは、赤が基調のガーリーな感じで、私はあまりそういう好みではないのだが、なんで目にとまったのだろう。

理由のひとつが「女性の在宅ワーカーを活用している」というキャッチフレーズだったと思う。

私は、仕事が出来れば男女どちらでもいいと思うが、子育てなどのために家にいる女性に能力の高い人が多いことは、経験上、よく知っていた。

非居住型の民泊は、現地に誰もいないだけに、ゲストとのやりとりをいかに親切にきちんとするかが評価の分かれ目になる。運営代行業者は、そうしたゲストとのやりとりも請け負う。そこに人間味のあるホスピタリティがあるかどうかが重要だと考えていた。何となくの勘だが、女性の在宅ワーカーであれば安心だと思ったのだ。

ホスピタリティ産業をめぐる業界は、どこも人材不足が深刻だ。

後になって、比較検討したM社のウェブサイトを久しぶりに見たところ、「多くの皆様に大変ご好評いただいておりました『宿泊事業の運営受託』ですが、宿泊施設の新規開発の受注件数増加に伴い、サービス品質の安定が難しい状況となりました。つきましては誠に勝手ながら2019年10月29日より、一時的に新規受注を休止させて頂きます」と掲載されていて驚いた。M社に決めていたら、どうなっていただろうと思う。

そして、私が目をとめたキャッチフレーズは、やがて幸運をもたらすことになる。

第四章　日々の運営は「ライン」で

六月九日、雨が降る梅雨寒の日曜日だった。

グレーシスの伊藤さんが箱根の大平台にやってきた。

離れを見てもらい、最終的な打ち合わせをするためだ。清掃を担当するC社のFさんにも来てもらった。

一度利用したY社にしてもよかったのだが、伊藤さんと連携したことのあるところがいいだろうとC社にお願いすることにした。隣家など、ほかにも大平台の民泊をいくつか手がけているとのことだった。

寝具のリネン類が何組あるかとか、タオルはどこにあるか、アメニティは何をどうセットするかなど、細かいことを確認してゆく。

使い捨てスリッパは用意していたが、伊藤さんの助言で、歯ブラシ歯磨きセットも置くことにした。おおむねホテルと同じだが、浴衣を置かないのは、民泊の標準的なスタイルである。

浴室には、ボトル入りのシャンプー、コンディショナー、ボディソープを置く。

温泉がたまるのに一時間半くらいかかるので、清掃の時、温泉の蛇口をひねっておくかどうか、協議する。温泉をためておく方がゲストには親切だが、窓を少し開けておかないと、浴室内部が結露してしまう。結局、入室したら、すぐに温泉を入れるよう、事前に注意を促すことにした。


現場の打ち合わせの中で、私が最も驚いたのは、民泊運営の日々のコミュニケーションがすべてラインで行われることだった。

その日のうちに早速、二つのライングループが組まれた。

ひとつは「ヤマグチハウス清掃グループ」。

伊藤さん、私と夫、そして清掃のFさんがメンバーである。

清掃の報告を始め、予約の確認や日々のトラブルなど、民泊の現場で生じる問題はすべてこのラインに入ってくる。

もうひとつは「ヤマグチハウスグループ」。

保健所や消防のこと、リスティングの文章など、民泊の管理に関わる事柄は、こちらのラインを使う。メンバーは、清掃チーム以外の三人。さらにスパの予約を運営するアユスも加わった。ゲストがスパを予約することもあると考えたのだ。

ほとんどの連絡は、二つのライングループを通して行われる。

やがて、民泊をめぐるすべてのドラマは、このライン上でおきることになる。

その後、私たちは伊藤さんと事務的な話をした。

運営代行料金は、売上げの二〇%。標準的な料金なので、問題なく承諾する。その料金に含まれるのが、以下の内容である。

①ゲスト対応（各サイトからのお問い合わせへの返信、電話対応）
②滞在後のレビュー記載、管理
③ゲスト管理表、収支管理シートの作成、管理
④清掃会社への手配、清掃チェック、指示出し
⑤緊急事態への対応、指示出し
⑥毎月の収支報告、請求書の送付

運営代行業者に依頼するということは、その業者がゲストにとってのホストになることを意味している。

M社のような大手であれば会社名になるが、グレーシスの場合は、伊藤さんになる。ようするに、以前泊まった民泊の「シュンスケさん」と同じだ。

当時は、「シュンスケさん」というオーナーの家に泊まるのだと思っていたが、実は、サイトに出てくる写真や名前は、住宅宿泊管理業者のものであることが多いのだ。

シュンスケさんは、ごく普通の男性の顔写真だったが、伊藤さんは、着物姿で芸者風に髪を結い、ばっちりメイクした写真が載っている。名前は伊藤さんのファーストネームの「マナミ」だ。伊藤さんは「外国人には受けがいいようです」と笑う。

そういえば、三軒茶屋で最初に会った時、民泊の経歴として「スーパーホストになったことがある」と聞いていた。前述したように、スーパーホストとは、Airbnbのシステムで、評価が高いホストに冠される称号だ。もちろん物件の管理やサポートの良さがあったからだろうが、若い女性のホストであることも、少なからず人気の理由になるらしい。

こうして、温泉付き古民家にジャパニーズモダンの内装とアンティークの家具を施した「ヤマグチハウス アネックス」のホストは、オリエンタル美女の「マナミ」となったのである。

チェックイン、チェックアウトの時間は、午後四時、午前十一時とした。

旅館やホテルに比べると、特にチェックイン時間が遅いのが気になるけれど、このくらい余裕を持っていないと清掃が難しいとのことだった。シュンスケさんのところも同じくらいの時間だったと思い出す。

定員は四人とした。

大平台のほかの民泊に比べると、圧倒的に少ない。もちろん家が小さいこともあるが、寝室が二つの2LDKでも、通常は六人くらいに設定することが多い。Q社のシミュレーションでも六人だった。

リビングルームにおいたソファベッドが、ベッドにすればダブルサイズなので、これを活用すれば六人まで泊まれる。当初は、六人にすることも検討した。だが、ソファベッドの組み立てが簡単ではなく、力も必要なことから、ソファとしてだけ利用することにした。

定員四人だと客層を限定することになるが、カップルや少人数の家族に利用してもらえばいい。それが、私たちのコンセプトだと決断した。

民泊の定員がおしなべて多いのは、大勢で割安に泊まりたいニーズに応えるためだ。でも、民泊とはそういう類の宿泊施設とされているところに、ネガティブなイメージの原点もあるのだと思う。

私は、ささやかながらも、それに対抗したいと思っていた。安い宿泊施設を探しているゲストではなく、わが家の設えや雰囲気を気に入ったゲストに来てもらいたい。


そして、一番肝心な料金を決める。

「どうしますか」

伊藤さんの質問に、一呼吸おいて答える。

「二万円……にしようと思いますが、どうでしょうか」

夫といろいろ相談して決めた料金だった。

「いいと思います」

「では、二万円でいきましょう」

ただし、二人以上の場合は、ひとりあたり二千円ずつ追加する。

さらに清掃料金が追加される。これも六千円で話がまとまっていた。

ビジネスホテル一室くらいの料金が、清掃費だけでかかることになる。割高にも感じるが、ひとつの建物に同じ部屋がいくつも並ぶホテルのように効率的にいかないのが、民泊の清掃だ。チェックイン時間の問題とあわせて、しかたがないと理解する。裏返せば、だからこそ、ビジネスモデルとしては、大人数で泊まってもらう物件がいいのだろう。清掃費も十人で泊まれば、一人あたり六百円になる。

基本レートは二万円だが、繁忙期や閑散期で変動させる。

需要にあわせて料金を変動させてゆくことをレベニューマネジメントと呼ぶ。

父がホテル会計の専門家だったので、私も門前の小僧で多少の知識はある。近年、宿泊業界ばかりでなく航空業界でも、インターネットでの予約が一般的になって、レベニューマネジメントが重要視される傾向にある。それによって収益を最大化するのだ。

Q社のシミュレーションでは、料金の季節変動が大きかったことを思い出す。レベニューマネジメントは彼らの得意分野だったのかもしれない。でも、十一月が安めの設定で、箱根のマーケットを知らないな、と思った記憶がある。箱根の繁忙期は夏休み以上に十一月なのである。ちなみに彼らは、繁忙期で二万円くらいに設定していた。私たちは、それより少し高めの設定にしたことになる。

料金の変動についても、運営代行業者にお任せではなく、助言を受けつつ、オーナーサイドで決めていくことにした。

成功しようが失敗しようが自分たちの責任というほうが、すっきりしていい。

打ち合わせを終えて、いよいよ開業に向けてのカウントダウンが始まる。

やるべきことはたくさんあったが、まずはゴミ箱を買うことにした。

清掃会社のFさんからの最も重大なリクエストが、分別して捨てられる大型のゴミ箱をキッチンに設置してほしいということだった。

燃えるゴミ、燃えないゴミ、ビン・カンと三つに分けて捨てられる、家具調で見映えのいいゴミ箱がニトリにあると言われた。

打ち合わせの翌々日の夜、私と夫は、ニトリにゴミ箱を買いに行った。

夕食をすませてから駆け込んだため、閉店まであまり時間がない。

「ゴミ箱、ゴミ箱」と言いながら店内を駆け巡る。

生活雑貨のゴミ箱売り場を廻ったが、帯に短し、たすきに長しで、Fさんに説明されたようなゴミ箱がない。

とりあえず、候補になりそうなゴミ箱をスマホで撮影してゆく。

ラインのヤマグチハウス清掃グループに最初にアップしたのが、この時、ニトリの店内をおろおろと彷徨しながら、撮影したゴミ箱の写真だった。

ゴミ箱を巡って、だんだん口論になってゆく。

「これでいいんじゃないか」

夫がいいと言うゴミ箱が、私は、どうしてもいいとは思えない。

「もしかして、家具売り場にあるかもしれない」

「ゴミ箱がなんで家具売り場にあるんだよ。俺のゴミ箱のどこが悪いんだ」

「とりあえず、見に行こうよ」

「そんな必要ないよ。勝手にしろ」

閉店間際のニトリで、ゴミ箱を巡ってケンカになる。

「とにかく行ってみる」

私はひとりで家具売り場に行き、Fさんが説明してくれたゴミ箱に近いものを見つけた。

夫が追いかけてきて、ゴミ箱を見て言う。

「大きすぎやしないか。キッチンがゴミ箱だらけになってしまう」

「でも、こんなのだったと思う」

とりあえず商品カードをもらって、いったん撤収することにした。

翌朝、返事が来た。

「こんな感じになります」とのコメントと共に、私が家具売り場で見つけた家具調ゴミ箱の写真があった。

「やっぱりこれだよ」

大きすぎるとの懸念を夫がコメントすると、Fさんが、よその民泊に実際においた写真を送ってくれる。

「このようなサイズ感になります」とコメント。

ようやく夫も納得し、私たちは、その家具調ゴミ箱を買ったのだった。

私が焦ってゴミ箱を買いに行ったのは、六月十五日から三十日まで海外出張が入っていたからだ。世界一周クルーズに途中乗船して、船上でゲストスピーカーとして話をする。中米コスタリカのプンタレナスから乗船し、アメリカ西海岸のサンフランシスコまで。クルーズ期間は十日間。乗船前と下船後にも取材がひとつずつあった。

一年以上前から打診のあった仕事だった。

当初は、開業を六月一日に設定していたから、少なくとも開業を見届けてから出発できると安心していた。ところが、運営代行業者を変えるという大事件があって、開業直前に長期間、留守をすることになってしまった。

しかたない、私がやるべき仕事は出発前に済ませ、残りの作業は夫と藤岡さんに託していくことにした。私の仕事は、リスティングの写真と文章。託していく仕事で重要なのは、チェックインシステムとスマートロックの設置と操作確認だった。

リスティング用の写真は、私が何度かに分けて撮影した。

テレビや洗濯機も単独で、それだけ映すように言われる。

取材ではあり得ないような、つまらない構図だが、それがある、ということをビジュアルで示すことが大切なのだ。

写真はいつでも入れ替えが可能なので、たとえば、ケンカの末に買ったキッチンのゴミ箱など、設置が間に合わないものは後でもいいと言われる。

民泊のリスティングの写真は、雑誌などに掲載する取材とはだいぶ勝手が違って戸惑った。ゴミ箱もそうだが、トイレから、キッチンに備えた鍋やフライパンまで、まさかと思うようなものまで細かく撮影しなければならない。

緑色の避難誘導灯や消火器も、普段なら写真に写さないよう注意する。だが、それもはっきり写したほうがいいとアドバイスされる。消防検査をクリアしている証だからだ。リビングの写真は、いろいろなパターンで撮影したが、避難誘導灯か消火器は必ず入れるようにした。

一方で、食器類は、テーブルにセッティングして雰囲気を出すといいとアドバイスされる。基本的なグラスやマグカップ、皿などはニトリで揃え、醬油皿や小鉢、湯飲みなど、和食器は母屋で使っていた昭和のアンティークを用意していた。


ひと通り撮影して、伊藤さんに送ってみる。

すると、ラインでこんなメッセージが返ってきた。

〈なるべく横向きの写真でお願いします〉

〈横向き？　横位置の構図ということですか？〉

〈そうです。インターネットに掲載するには、そのほうがいいのです〉

〈なるほど〉

写真は、普通に撮ると横位置が多くなるが、雑誌などでは、むしろ縦位置の写真を求められることがよくある。

私の本業は文章を書くことだが、宿関係の連載がいくつかあり、それらの写真は、自分で撮影することが多い。結果、最近では、写真撮影も仕事の一部になっていた。

なかでも掲載する写真の数が多くて大変なのが『住む。』という住宅雑誌の宿連載だった。モノクロで八ページ、ひとつの宿を掲載する。かなりマニアックな内容である。

住宅雑誌なので、建物の撮影にはうるさい。いつもデザイナーから言われているのは、縦位置のリクエストだった。

「タテ、タテ」とつぶやきながら、必死に縦位置を撮ってきたのに、今度は横かあ、と思いながら、「ヨコ、ヨコ」とつぶやきながら写真を撮る。

民泊の利用者にとってはリスティングの情報だけが頼りである。

だからこそ、わかりやすい、大量の写真が必要なのだ。


さらに、自分で撮影することで、足りない備品や間の抜けた空間に気づかされる。

食器類をテーブルセッティングしてみて、テーブルマットがあった方がいいと気づく。これもニトリに買いに行った。

和室の床の間だったところには、小さなアンティークの和箪笥をおいて、いい雰囲気になったのだが、もうひとつ何かが足りない感じがした。

さらに気になったのが、洗面台にしか鏡がないことだった。

そうだ、鏡台のようなものはないだろうか。

ぴんときたのが、母屋にずっとおいてあった小さなおき型の赤い鏡台だった。

和箪笥の上に鏡台をおき、ニトリの折りたたみ式スツールをおけば、高さもちょうどいい。

色合いもぴったりだ。

「赤い鏡台は、誰のものだったか知っている？」

継母の順子に聞くと、意外な答えが返ってきた。

「久が原のおばあちゃんのものよ」

久が原の祖母とは、父祐司の実母、寿子だった。

「なんで久が原のおばあちゃんの鏡台があるの？」

「夏やゴールデンウィークは、いつも箱根に来ていたから、その時に使うために持ってきたんだと思うわ」

「昔から持っていたのかな」

「嫁入り道具だったと聞いた気がする」

久が原の祖母、寿子は、関東大震災で両親を亡くした。孤児になってしまったお嬢様育ちの少女は父親の友人の家で育つが、その家の娘が嫁ぐ時に、ついでのようにその弟に嫁がされたと何度となく聞かされた。

心躍らない縁談。その時、せめてもの華やぎを添えた鏡台だったのか。

時代を逆算すれば、昭和初期のものになる。

若い頃は、女優を思わせるほどの美貌で、心寄せられた男性がどれほどいたか、それもまた何度も聞かされた。華やかで美しいものが大好きで、年老いてからも、いつも鏡台に向かって化粧を欠かさなかった。

祖母寿子の思いが宿る赤い鏡台を載せたら、和箪笥は一段と可愛らしくなった。

オリエンタル美女「マナミ」とも響き合う世界観が生まれた気がした。

そして、仕上げは文章だ。

これも写真と同じく、Airbnb の掲載スタイルにあわせて書く。なるべく個性は際立たせず、ガイドブックのような、わかりやすい文章を心がける。

私の文章を書くキャリアは、旅のガイドブックから始まった。フリーになって最初の仕事はハワイ取材だった。浮かれた気分でいたら、ワイキキのカラカウア大通りの地図を作るという、恐ろしく面倒くさい仕事を与えられた。グーグルマップなんてない時代、炎天下の大通りを何度も行ったり来たりして、地図に店を一軒ずつ落としていく、気の遠くなるような作業だった。

民泊においてあるすべての電気製品や備品を列挙する作業をしながら、当時を思い出す。あの時に比べれば楽なものだ。

英語の文章も私が書いた。

直訳ではなく、外国人にアピールするよう、英語として魅力的なものにしたいとも考えていた。このあたりは、オーナー自身が書くメリットだろう。

海外のホテル取材は、ウェブ上の検索から始まることが多い。決まった企画のオファーを受けることもあるが、日本であまり紹介されていないホテルを探してきて、それを企画として提案することも多かった。たとえば、特定の国や都市だけで展開している個性的なチェーンのホテルや、不便だけれど自然が豊かな立地のホテルなど。それらを日本にいて発見できるようになったのは、インターネットの普及あってこそ、である。

民泊のウェブサイトも、かつて海外でバケーションレンタルを借りるとき、さんざん検索したことがある。職業柄なのか、性格なのか、私は執拗なまでに検索を重ねる習性があった。そうして見てきた数多の宿泊施設のウェブサイトを思い出しながら、必要な情報を列挙し、魅力的な言い回しを考える。地球上の遠いどこかで、ウェブ検索からヤマグチハウスを発見してもらいたいと願いながら。

日本語同様、Airbnbの掲載スタイルに合わせることは言うまでもない。

文章については、細かい備品の列挙など（写真同様、調理器具のひとつひとつまで、まさかと思うものまで記入するよう言われる）、足りない情報を指摘されたことはあったけれど、事前に注意していたせいか、あまり問題なく作業は終了した。


六月十五日、私がコスタリカに出発したその日、箱根では夫と藤岡さんがスマートロックの取り付け作業をしてくれていた。

地球の裏側に滞在している間も、ヤマグチハウスの二つのラインがピンピン鳴る。そのたびに現実に引き戻される。

だが、ネットが通じている限り、リアルタイムで進捗が確認できるのも、従来の宿泊業とは大きく違うところと言えた。そんな民泊のシステムを象徴するように、私たちのチームに海を越えてもうひとりの助っ人が加わることになる。

第五章　最強の助っ人が登場

開業日の七月一日になった。

だが、民泊の、それも家主非居住型民泊の開業日は、何か特別なイベントがあるわけではない。

いつ予約が入ってもいいように、内装や備品、チェックインシステムや鍵などを準備し、門の入り口に「住宅宿泊事業（民泊）」の標識を貼り、準備万端整えて、Airbnb の予約サイトに「ヤマグチハウス アネックス」をアップする。それが開業日ということになる。

その日は何もないまま過ぎ、ことがおきたのは翌日だった。

ヤマグチハウス清掃グループに見知らぬ名前の人からラインが入った。

その名は、セシリア・ウー。

〈お世話になっております。7／12―14、2名の新規リクエスト来ました。予約受け入れても

大丈夫でしょうか?〉

この人は誰?

これって、どういうこと?

状況がよくわからず、ヤマグチハウスグループの方のラインで伊藤さんに聞く。

〈ヤマグチハウス清掃グループの方に予約確認のメールが入っています〉

〈どうしましょう?〉

〈ご指示いただきたく思います〉

おろおろした感じの質問を立て続けに送った。

〈これはAirbnbの予約ですか?〉

〈ゲストの方はセシリア・ウーさんのお知り合いですか?〉

そうは聞いているものの、そもそもセシリア・ウーさんが誰だかわからない。

すると、伊藤さんから返事がある。

〈Airbnbからの予約リクエストになります。ウーはうちのスタッフになります〉

そうか。ただ、そう言われても、いまひとつ状況を把握しきれていなかった。

Airbnbの予約にはいろいろなパターンがあって、空室があればそのまま予約を成立させるものと、いったん問い合わせとして受けて、オーナーがOKを出してから予約を成立させるものとがある。私たちは、後者の予約リクエスト制というパターンでお願いしていたことを思い出す。

「ヤマグチハウス アネックス」開業！

Airbnb に予約が入るたび、ウーさんが清掃グループ、つまり日々の民泊運営で使っているラインで、予約を受け入れていいかどうか、聞いてくるのである。それに私たちがＯＫを出して、初めて予約が成立する。

最初は慎重を期して、このようなスタイルにしていたのだが、予約確認のタイムラグがあるぶん、予約を逃すリスクもある。しばらくして、入った予約はそのまま成立させるパターンに変更したが、ウーさんが予約を知らせてくるのは変わらない。

ウーさんは、いったいいつ眠るんだろうと思うくらい、予約が入ると朝でも夜でもすぐ私たちに知らせてくれる。

ウーさんが、そういう役回りの人なのだときちんと理解したのは、さらに予約がいくつか入り、その流れがルーティンになってからだった。

これ以降、ヤマグチハウス清掃グループと、ヤマグチハウスグループのラインに加わったウーさんを中心に私たちの民泊は動いていくことになる。

ウーさんが誰なのかとうろたえてしまったが、それは、記念すべき最初のゲストの予約だった。

民泊を開業した実感がこみ上げてくる。

七月十二日からの二泊で、二名の利用だ。

ゲストが来る前にもう一度清掃に入ってもらうことにした。六千円の清掃代を請求するのだから、直前にきれいにしておく必要がある。その際、スリッパや歯ブラシなどのアメニティも揃えて最終的な準備をしてもらう。

Ｆさんのｃ社にお願いする最初の清掃だった。

清掃後は、十数枚の写真がラインにアップされ、確実に清掃が行われたことをオーナーが確認できるようになっている。私たちが現場にいない、非居住型民泊ならではのシステムに感心する。

さあ、これで準備万端整った。

対面でお客を迎える宿とは違う、独特の緊張感があった。

なにせ人がいないだけに、ゲストが鍵を開けて無事入室し、チェックインしてもらえるのか、どうにも不安になってしまう。

最初のゲストを迎える準備をしている間にも、夏休み前とあって、次々と予約が入り始める。八月十二日から三泊で予約問い合わせが入ったのを皮切りに、その後も、夏休み期間の予約が続いた。

快調な滑り出しに、かなり気をよくする。

そして、七月十二日、ついに最初のゲストがチェックインした。

私たちが設置したのは、ＡＢＣチェックインというシステムで、アプリをダウンロードすると、タブレットでチェックインできる。玄関におくと操作しない人が多いとのことで、リビングダイニングの目立つところに設置した。

ゲストは、名前、職業、住所などを入力して、パスポートをかざし、自分の顔をタブレットに向ける。それが六秒の動画として記録される。

こうして、対面のチェックインの代替とするのだ。

ABCチェックインシステムは、私の留守中に夫が設置したので、チェックインすると、彼のメールに連絡が入ってくる。オーナーには、ゲストの画像などの情報が送られてきて、どんな人が泊まるのか、わかるようになっている。

迷わずに入室できただろうか。ちゃんとチェックインしてくれるかな。不安に思っていると、ゲストがチェックインした、とのメールが入った。

民泊開業の瞬間だった。

ゲストは、若い欧米人のカップルだった。

画面に向かって、女性が「ハーイ」、男性が「ハロー」と言って手を振っていた。

なんか楽しそう。向こうからは見えないのに、こちらもつい、「ハロー」と手を振ってしまう。

そして、二人揃ってニコッとスマイルを決めると、女性が男性に軽くキスをした。

六秒の動画だった。

住所は二人とも香港で、女性の仕事は教師、男性の仕事はマーケティング。パスポートは、女性がUSAで、男性がUKである。

Airbnb はグローバルスタンダードなので、日本人のゲストであっても、写真付きのID

チェックイン用のタブレットはリビングダイニングの目立つところに配置

（免許証など）を示すのが基本のルールだ。

そして、数日後、待ちに待ったレビューが入った。

今どきは何であれ、こうしたサイトのレビューの評価が客足を左右するが、とりわけ民泊にとって、レビューは唯一最大の集客ツールだった。

安定して予約が入るようになるには、レビューが三十個になるのがひとつの目安だと、伊藤さんに言われていた。そこまでの道のりは長いが、最初のレビューが入ったのは、とにかく嬉しかった。

以下が、「ハロー」と手を振った男性の書いてくれたレビューである。

〈パーフェクトな職人技の感じられる美しい伝統的な日本家屋。ピースフルな週末のお出かけにぴったりだが、もっと滞在したくなる充分なスペースあり。ロケーションも最高。箱根湯本や近くの温泉にアクセスが容易なばかりでなく、バスや電車で強羅に行くのにも便利。私たちは、ここで素晴らしくリラックスした週末を過ごしました〉

これって、どう考えても褒めているよね、と夫と確認しあう。

早速、レビューのお礼を入れてもらう。

マナミの名前だが、ウーさんが書いている。

〈ハーイ。私たちのところに滞在してくださってありがとうございました。そして、フィードバックにも感謝しています。私たちは、ゲストをお迎えするためにベストを尽くしたいと思っています。また来て下さることを願います。ありがとう〉

いいレビューには、丁寧にレスポンスすることも大切である。ウーさんの返答は、温かみがあっていい感じだ。リアルの施設の評価に加えて、こうしたやりとりも含めて民泊の評価は決まってゆく。

ありがとう。

手を振ってくれた映像を思い出し、心の中でお礼を言う。

Airbnbでは、ゲストの写真をクリックすると、その情報もある程度、わかるようになっている。さらにホストからゲストに対してのレビューもできる。

民泊の予約は、清掃グループのラインのタイムライン上に、ゲスト管理表として上がってくる。このゲストのことは、パスポートがUKなのに、国がインドネシアとあって「？」と思ったのだが、彼のプロフィールを読んで納得する。初めてAirbnbのゲストになった二〇一六年、住んでいたのがインドネシアのジャカルタだったのだ。

海外のホテル取材をしているとよく出会う、好奇心の趣くまま、プロフェッショナルな技能を生かして、国境を越えてグローバルに生きているタイプの人なのだろう。人生そのものが旅だから、当然のごとく、旅慣れている。

だが、すべてのゲストがこのようにいくわけではない、ということを二組目にして思い知る。

早速のトラブル発生。ゲストは、何と日本人だった。

最初のゲストが七月十四日の日曜日にチェックアウトした後、同日からの一泊。海の日の三連休を利用した日程だった。予約は一人となっていた。

ことの発端は、たまたまチェックアウトするゲストを清掃スタッフが見かけたことだった。門を出て行くゲストは四人いた。

情報は、すぐに清掃グループのラインにアップされた。

わが家では、二名以上は一人あたり二千円ずつ追加料金をもらうシステムになっている。何人泊まっても同じ料金ならいいが、これはルール違反だ。

早速、伊藤さんから連絡が入る。

ウーさんからも、予約が日本人だったので、人数の再確認をしなかったと謝りのコメントが入る。予約自体は、確かに一人だったという。日本人だから大丈夫、ではないと思い知る。

〈四人であることを確認した事実があるのならば、ゲストに連絡をとりましょうか〉

〈はい、四人分の請求をお願いします〉

伊藤さんとラインのやりとりが続いた。


室内に入ってみたら、さらなる問題が発覚した。

和室の畳の上が濡れている。

チェックインの日は、確かに雨模様だったが、何をしたのだろう。

その日は、夫が庭の草刈りのために大平台に出向いていたので、彼も現場で濡れている畳を確認した。ちょうど濡れた荷物をおいたようなかたちに跡がついていた。

私はその日から長崎の取材があって、早朝のフライトで出発していた。

取材の合間に、ラインにアップされた写真を確認する。

真新しい畳にシミがついているのはショックだった。藤岡さんとの打ち合わせで、畳を本イ草にしたことを思い出し、少し心配になる。

梅雨明け前の七月、箱根はただでさえ湿気が多い。

すぐにエアコンの除湿をかけ、畳にドライヤーをあてたというが、清掃が終わっても、畳はまだじっとり濡れたままで、なかなか乾かなかった。

数日後、請求した三名分の追加料金は、すんなりと支払ってもらえた。しかし、これで一件落着とはならなかった。

その後の平日に予約は入らず、迎えた次の日曜日、私たちは、濡れた畳が心配になって大平台に出向いた。

部屋に入って驚愕する。

和室の畳が全面、カビだらけになっているではないか。

濡れていた畳はもちろんのこと、周囲の畳にもカビが生えている。新品なのに。

うろたえながらも、まずは写真を撮る。事件がおきたら、写真を撮ってラインで共有する。これが民泊運営の基本である。

ことがおきたら、まず写真を撮るのは保険請求の基本でもある。

間違っても、撮影の前に事件の証拠に触れてはいけない。

写真を撮り終えて、あらためて事態と向き合う。

どうしよう。何で拭けばいいのか。

「カビは食酢だろう」

夫が言う。

「クラゲに刺された時は酢だけど、カビも酢でいいの？」

「検索すると、酢だと出てくるよ」

「カビに酢は間違いという説も出てくるよ。それより、藤岡さんがキッチンの消毒用においていってくれたエタノールがあったよね」

「キッチンのどこ？」

「戸棚に入っていたと思う」

続いて、伊藤さんに報告する。

〈畳の部屋がカビだらけになってしまいました〉

〈今から私たちで清掃しますが、何かアドバイスはありますか？〉

〈このようなことは、ほかの物件でありましたか〉

立て続けに送った質問に返事が戻ってくる。

〈弊社で運営してきた物件では、このようなケースは聞いたことがなく、助言できずにすみません〉

つまり、想定外ということなのだろうか。

いや、畳にカビ。どこかでこんなことがあったぞ、と記憶をたどる。

そうだ、母屋で梅雨時に締め切っておいた時、畳にカビが生え、さらには壁にキノコまで生えたことがあったと思い出す。だが、家の管理は両親が行っていた時代のことで、私に経験値がない。

箱根で畳にカビが生えるのは、想定外ではない。

もちろん、こうなった元凶は濡れた荷物を置いたゲストだが、梅雨時の家の管理は、やはり慎重にならないといけない。キノコが生えなかっただけよしとしよう。


雑巾にエタノールをしみ込ませて畳を拭くと、きれいになった。

〈エタノールがあったので、それで拭いています〉

ラインに送って、しばらくして返事がある。清掃のFさんに確認をとってくれたようだ。

〈エタノールで大丈夫です〉

さらに今後の注意が入る。

箱根の民泊清掃をいくつもやっているC社にとって、カビ問題はよくあることだったらしい。

〈湿気が多い時期にチェックアウトからチェックインまで日にちがあくと、どうしてもカビが生えやすいので、ほかのオーナー様は、除湿器をおくかエアコンの除湿をかけておくなどの対策を図っているようです〉

なるほど。さらに藤岡さんに確認すると、除湿より冷房の方が電気代はかからないとのことで、しばらくの間は、ずっとエアコンをかけておくことにする。


とりあえず、エタノールできれいにはなったものの、濡れた荷物を置いたらしき跡は、残っている。いくら乾かしてもとれなかった。

藤岡さんに相談すると、畳替えしかないだろうと言う。全体にカビが生えたということは、水が床下まで浸みてしまった可能性があるようだ。

これは、保険請求の対象では、と考え始める。

というか、まずはゲストに言うべきじゃないか。

伊藤さんに問い合わせると、返事があった。

〈乾かしたら跡がとれるかと思っていて、対応が遅くなり申し訳ありません。チェックアウトの十四日後までAirbnbへの請求は可能です〉

Airbnbを通した予約は、手数料を取られる一方で、こうした場合の保険対応もあることを知る。

民泊開業にあたり、通常の火災保険に加え、いわゆる民泊保険に入っていた。早速、問い合わせたが、それは賠償責任保険なので、ゲストが民泊の中で滑った、転んだという類いの責任をこちらに請求された時の保険であって、ゲストが何かを破損した時の保険ではないと告げられる。そういう場合の保険は、Airbnbなのだ。

とりあえず、荷物を置いた跡がとれなくなってしまった畳二枚分、一万六千円の請求をAirbnbに保険請求するかどうか考える。ところが、伊藤さんがゲストに問い合わせると、意外にもすんなり支払いに応じてくれて事なきを得た。前回の追加料金といい、そう悪い人でもなかったようだ。

エアコンをかけておいても、しばらくすると畳にカビが生えるという状況は、その後も変わらなかった。

シミがついてしまったのは二枚だが、カビは全体に生える。藤岡さんの言っていた通り、水分が床下まで浸みてしまったのだろう。

どうせ交換するのなら、この際、問題のおきないような畳に全部取り替えたい。私は、箱根のある高級旅館で見た畳を思い出した。そこは、全館すべて、ロビーや廊下も畳敷きなのだが、それは汚れに強く、メンテナンスがしやすい紙の素材なのだと聞いた。早速、藤岡さんに問い合わせる。

「その畳は防カビ抗菌ですごくいいけど、でも高いよ」

一枚当たり、イ草の畳より数千円高い。

でも、箱根に梅雨は毎年やってくるし、二度とこんな心配はしたくない。

私たちは、清水の舞台から飛び降りるつもりで、六畳全部を防カビ抗菌効果のある紙素材の畳に交換する決断をする。

こんなことなら、最初からこの畳にしておけばよかったと後悔するが、次々と追加請求が上乗せされ、「もうこれ以上は払えない」と言っていた私に、藤岡さんは最初からこの畳を薦められなかったのだろう。

こうして八月下旬、畳の交換をするまで、掃除のたびに和室の畳をエタノールで拭く作業が続いたのだった。

それでも幸いだったのは、八月の稼働率が高かったことだ。開業した七月は、欧米人カップルの二泊と、畳カビ事件が勃発した四人で一泊の二組だけだったが、八月は好調で、一ヶ月のうち半分が稼働した。特にお盆の前後、八日から十八日の十日間は、五組のゲストが二泊ずつ、連日の予約が入った。さらに上旬に一泊が一組、下旬に一泊が一組と二泊が一組の滞在があり、全部で八組の利用があったことになる。

ヤマグチハウス清掃グループのラインを振り返ると、畳カビ事件で大騒ぎをしている合間にも、ちょくちょく予約の問い合わせが入っている。

八月の予約はもちろん、秋から年末年始にかけての問い合わせもあった。

年末年始の料金は、十二月二十三日から二十八日までは一・五倍、二十九日から一月三日までは二倍と設定したが、それでも反応は悪くなかった。

予約問い合わせは、もちろんウーさんから入る。

突然ラインに登場してあっという間に、民泊運営の中核的存在になっていった彼女だが、伊藤さんの会社のスタッフで、名前がセシリア・ウーという以外、私たちは何も知らなかった。だが、その頃、ラインのやりとりの中で、思いがけずウーさんのことを少し知るタイミングがあった。

当初、ウーさんが知らせてくるのは予約の日程と泊数だけで、外国人か日本人かといったことは知らせて来なかった。利用者は圧倒的に外国人だろうと思っていたし、どこの国の人であろうと、それで予約を断ることはないのだが、詳細を少しでも知りたいと私たちは思った。

そこで、ある日の予約問い合わせが入った時、こう聞いたのだった。

〈何人ですか?〉

すると、ウーさんからすぐさま答えが返ってきた。

〈私ですか?　台湾人です〉

私たちは、予約のあったゲストの国籍を聞いたので、すぐさまこう返した。

〈いや、予約が入ったゲストの方です〉

ラインは再び、ビジネスライクなやりとりに戻っていったが、期せずして、私たちは、バーチャルな存在だったウーさんのことを少し知った。


再びウーさんと個人的な話をするきっかけになったのは、私の台湾取材だった。

いつものようにホテルの取材が目的だったが、たまたま台湾のラジオに出演する機会があった。「スパレディ」という愛称のパワフルな温泉ジャーナリストの番組に、箱根の旅館の女将から紹介された縁で出演することになったのだ。

台湾の知り合いと言えば……、ウーさんだ。

ということで、夫が清掃グループのラインに番組の情報をあげた。

私が海外取材に行ってもいちいち報告はしないが、ウーさんが台湾人だとわかった直後、そこでラジオに出演したという偶然がそうさせたのだと思う。

すると、ウーさんからすぐにレスポンスがあった。

〈台湾来ましたか?〉

えっ？

「行きました？」じゃなくて「来ました？」。ということは、ウーさんは台湾にいるの？

私が出演したラジオ局とも縁があるという。

〈親戚の知り合いも正聲廣播電台で働いていたようです〉

一気にウーさんの存在が近くなった。

余談ついでに、お土産に買ってきたパイナップルケーキの話題を夫があげた。

〈僕はパイナップルケーキだけで行っていません（笑）〉

さらにウーさんが話に食いついてくる。

〈ちなみに実家（基隆）のパイナップルケーキは百年名店ですよ〉

実家がパイナップルケーキの老舗とは。ちなみに基隆とは、台北に近い港町で、クルーズ船がよく寄港する。私も行ったことがあった。

調子に乗って、私が買ったパイナップルケーキの写真をアップする。

さすが、パイナップルケーキ屋の娘だけあって、すぐにわかる。

〈ここは大手で、観光工場もありますよ〉

ついつい、清掃グループのラインなのに、パイナップルケーキの話題で盛り上がってしまった。だが、このやりとりがあって以降、私たちは、ウーさんのことをぐんと身近に感じるようになったのだった。

しかし、なぜ台湾にいるウーさんが、日本の民泊の仕事をしているのか。

伊藤さんとは、どうやって知り合ったのだろう。不思議に思って、伊藤さんに聞いてみると、意外な答えが返ってきた。

「在宅ワーカーの募集に応募してきたんです」

私は、グレーシスのウェブサイトを思い出した。女性の在宅ワーカーを活用している会社ならよかろうと思った、あのページに応募してきたのがウーさんなのだ。

「台湾在住なんですよね」

「はい。でも、以前に成田空港に近いホテルのフロントで働いていたそうです」

日本語が上手なだけでない。やりとりが丁寧で、宿泊業の経験があるような感じがしたが、そういうキャリアがあったのか。

日本語、英語、そして中国語を自在に操るウーさんのおかげで、ゲストとのコミュニケーションに困ることはない。

「お子さんが三人いると聞いています」

「それで、子育てのために在宅ワーカーなんですね」

「そうだと思います」

「ところで、伊藤さんはウーさんに会ったことあるんですか？」

すると、また意外な答えが返ってきた。

「いいえ」

そう言って、伊藤さんは笑う。

オンラインでしかつながっていないというのが、いかにも非居住型民泊っぽい。

もっとも、私たちはゲストとも誰も顔を合わさないのだから、ウーさんとリアルで会っていなくたって、何の問題もないのかもしれない。

「そうなんですか。今度こそ台湾に行ったら、会ってこようかな」

「ぜひ会ってきてください」

伊藤さんもうれしそうに言う。

三軒茶屋の不動産屋の娘と、台湾のパイナップルケーキ屋の娘が、オンライン上でつながって、箱根の民泊を運営している。

そう考えた瞬間、私は民泊オーナーからジャーナリストに視点がワープして、これが新しい宿泊業のあり方なのかなあ、と感慨深く思ったのだった。


ウーさんは三カ国語を駆使し、きめ細やかな心遣いもある。非常に優秀なのだが、ゲストに対応するにあたり、唯一最大の問題が、ヤマグチハウス アネックスに来たことがないことだった。

ゲストが道に迷った時、入室に手間取る時、そういう時は、やはり現場を知らないことがネックになる。まずは現場を知る伊藤さんがフォローし、それでも、どうにもならない場合は、私たちの出番となる。

八月中旬、道に迷ったゲストがいた。

民泊開業にあたり、駐車場は、近隣の契約駐車場を使うことにした。母屋の駐車場は、スパのスタッフや私たちが使うからだ。

迷ったのは、そこから歩いてきた中国人ゲストだった。

駐車場の管理人が丁寧に案内してくれたのだが、これが混乱を招いた。「ヤマグチハウス」と言われて、母屋の方に案内してしまったからだ。これは、私たちに責任がある。駐車場の管理人と料金や事前予約のことは、さんざん打ち合わせをしたのに、肝心の民泊の場所について、細かい説明を失念していた。ゲストには、事前に駐車場の地図や写真を案内していることもあって、ついうっかりしてしまった。

民泊は、母屋とは別の門があって、まずキーボックスで門の鍵を開けなければならない。それからスマートロックがついた玄関の鍵を開ける。母屋の入り口に向かって左側に細い道があって、そこを上がってゆくと民泊の門がある位置関係になる。だが、母屋の門のあたりにも、実は別のキーボックスがある。これと間違えてしまったらしい。番号を合わせてもボックスが開かないとのSOSだった。

ライン上でのウーさんとのやりとりを見て、これはまずいと判断し、「駐車場の方と直接話しましょうか」と助け船を出した。

そして、私が駐車場の管理人に電話をかけ、母屋と民泊のキーボックスを間違えている可能性を指摘して説明し、無事ゲストはチェックインすることができた。

事件の後は、伊藤さんと反省会になる。

まずは、駐車場の管理人に場所をきちんと説明した上で、民泊のゲストに見せてわかるようにまとめた紙も渡しておこうと、伊藤さんが提案する。

さらに、リスティングにもアクセスを説明する写真を増やすことにした。

ご縁がなかったとお断りしたM社では、どの物件でも必ずプロが撮影したアクセス動画をつけると話していたことを思い出す。

ヤマグチハウスアネックスに続く細い道は、左側にお墓がある。プロフェッショナルな動画でお墓をフィーチャーされてもなあ、と乗り気でなかったが、迷い人が出てみると、M社のやり方もまんざら間違っていなかったかなと思う。

だが、必ずしも動画である必要はないし、プロが撮影するまでもない。

要は、いかに間違えやすいポイントを写真できちんと押さえておくかである。

民泊は、なにせ普通の住宅なので、大きな看板を掲げたホテルや旅館と比べて、アクセスの説明が圧倒的に難しい。だから、事前に写真を含めた情報を送り、懇切丁寧に説明するのだが、必ずしもすべてのゲストが、それをきちんと見てくれるとは限らない。

駅とバス停に近く、たいして難しいアクセスではない、と私が思うのは、ここがわが家であるからだということに気づく。その点、ここで育っていない夫の方が、よほどわかりにくさを自覚している。

離れにたどり着く前に「山口」の表札がある母屋があり、似たようなキーボックスがあることで、ゲストを混乱させている事実に、私はあらためて気づいたのだった。

最初のゲストに感謝し、畳カビ事件で大騒ぎした日々から、気がつけば一ヶ月余りがたっていた。開業直後に夏休みとなり、八月の予約は驚くほど好調だった。ところが、はたと管理表を見てみると、九月の予約が全然入っていないではないか。
やはり、そう簡単にはいかない。
民泊としての正念場は、まだこれからだったのである。

第六章　クリーニングどうするの問題

開業直後から、これだけは譲れないとこだわり、そのために苦労を重ねたことがある。

それは、民泊のリネンをクリーニングすることだった。

C社の清掃は、担当者が丁寧に掃除をしてくれて、ゲストからも「とても清潔」と高い評価を受けている。だが、初めての清掃の時、実は驚いたことがあった。それは、ゲスト用に備えてある洗濯乾燥機でタオルとリネンを洗うことだった。

タオルはいい。乾燥機で乾けば問題ない。

だが、シーツや布団カバーはしわが出てしまう。

最初の打ち合わせの時、C社のFさんに「シーツはなるべくポリエステルのものを使って下さい」と言われ、怪訝に思ったのだが、そういうことだったのか。ポリエステルのシーツであれば、乾燥機で乾かすだけでもしわにならない。でも、綿一〇〇%は、アイロンをあてない限り、しわになる。

そこで、百歩譲って、和室の布団用だけはポリエステル素材にしたのだが、高品質な民泊というポリシーを掲げた以上、どうにも気になった。

ベッドのリネンだけは、どうしても譲れず、綿一〇〇％の白いシーツと布団カバー、ピロケースを用意した。布団カバーとピロケースは、ホテルで使われている、白でストライプの織り模様が入った上質なものだ。

世界のホテルを取材している仕事柄もあるが、私のこだわりは、たぶんにホテル経営者の娘として育ったからだと思う。

私が子供の頃、富士屋ホテルには、洗濯工場と呼ばれた自前のクリーニング設備があり、自宅で使うシーツやピロケースも一緒にここで洗っていた。だから、今でもわが家には、「ＦＨ」とイニシャルの入ったシーツが残っていて、今回の民泊でも一部使っている。

その後、洗濯工場はなくなり、白洋舎へのアウトソーシングになったが、父が富士屋ホテルに勤めていた間は、ホテルと同じく白洋舎がわが家に出入りしていた。

だが、そうした関係も絶えて久しく、こんな小さな民泊で、どこにクリーニングを頼んだらいいのか、見当がつかなかった。地元の大平台にも、かつては一軒、クリーニング屋があったが、既に廃業していた。

途方にくれていた七月上旬、たまたま箱根の高級旅館を取材する機会があった。

畳カビ事件の後、入れ替えた紙素材の畳を教えてくれたのも、ウーさんと親しくなるきっかけとなった台湾でのラジオ出演も、ここの女将からの紹介だった。

取材と言いつつ、何度も訪れている旅館であり、女将やご主人とついつい四方山話に花が咲く。そこで、実は、民泊を開業したという話をした。

思わず、本音がこぼれた。

「今一番悩んでいるのが、クリーニングなんです」

「クリーニング？」

「箱根でどこか民泊のクリーニングを請け負ってくれるところ、ご存じありませんか」

取材に来て、こんなことを頼むのもどうかと思うが、背に腹はかえられない。

「地元のHクリーニングなら、やってくれるんじゃないかしら。うちでも作務衣とか、お願いしています」

「ご紹介して頂くことは可能ですか？」

開業後、七月は二組しかゲストが入らなかったこともあり、シーツや布団カバーを多めに購入してしのいでいた。しかし、ゲストが増えたら対応しきれなくなるのは明らかだ。

私は、藁をも摑む思いだった。


Hクリーニングに連絡すると、大平台への配送は問題ないと言う。

だが、ピンポイントで清掃が入る日時に配送してもらうのは難しい。

なにしろ、うちは非居住型民泊である。すなわち、通常は誰もいない。

どうすればいいのだろう。

清掃会社に渡してあるスマートロックの合い鍵をクリーニング屋に渡すことも考えたが、配送のタイミングを合わせるのが難しいと気づく。うっかりゲストがいる時に、合い鍵で入られたりしたら、一大事になってしまう。これは危険と諦めた。

さらに、状況を難しくしたのが、Hクリーニングのスタッフが誰もラインをやらないことだった。ラインですべてを遂行する非居住型民泊にとっては、いささか大きな障壁だった。

メールアドレスを聞いても「さあ？」という感じである。

家の場所を示した地図を「ファックスで送って下さい」と言われた時には、一瞬、頭の中が真っ白になった。

「ファックスですか……わかりました」と言いながら、しばし無言になってしまう。

私は、気をとりなおして、配送担当者の携帯番号を聞いた。電話して本人に確認してみると、ショートメールだったらＯＫだと言う。

そこで、清掃が入る日程、つまり汚れ物が発生し、洗ったリネンを納品してもらいたい日をショートメールで連絡することにした。手間はかかるが、こだわりを全うするには、致し方ない。

配送してもらう場所は、敷地内に立つ温泉の給湯塔の下にある物入れを使うことにした。母屋と離れの温泉は配管パイプを通して、ここのタンクにいったん溜められる。その下にある収納スペースは、もともとモノ置き場にしてもいいと考えて、改装の際、ペンキを塗って整備しておいたのだった。だが、そのまま使っていなかったので、そのスペースを利用することにしたのである。

ここならば、キーボックスを使って門の鍵だけ開けてもらえれば大丈夫だ。もしゲストのいる時間とバッティングしても、家の外だから問題ない。

しかし、簡単な木の扉がついただけのコンクリートの地下室のような空間は、リネンを置くには、いささか劣悪な環境だった。そこで、プラスティック製のふた付き衣装ケースを二つ買ってきた。ひとつを汚れ物入れ、もうひとつを納品用にして、除湿剤をずらりと並べた。

ファックスには、手書きの地図、キーボックスの暗証番号と開け方、給湯塔のタンクの写真など、しつこいほどに詳細な情報を載せた。

それでも、最初の配送の日には、担当者が道に迷って電話があった。

こうして、ようやくクリーニングしたリネンを使うことが出来るようになった。納品書や請求書も、当然、紙のものが封筒に入って給湯塔の下に届けられる。すべてをオンラインで遂行する私たちの民泊で、唯一の極めてアナログなオペレーションだった。


クリーニングの問題がようやく解決した頃、夏が終わろうとしていた。

気がつくと、繁忙期の八月は終わり、予約が入っていない九月に突入していた。

何かしなければ、と焦り始める。

伊藤さんに相談すると、いくつかの提案をもらった。

ひとつめは、料金の調整である。

開業後、すぐに夏休みだったので、特に繁忙期料金にもせず、基本料金の二万円で提供してきたのだが、九月に入ると、少し高く感じるのかもしれない。

いろいろ悩んだ末、とりあえず直前予約の割引をすることにした。

というのも、すでに九月で、予約が入っていないのは直近の日程だったからである。

もうひとつは、Airbnb にアップしているリスティングの写真を変えることだ。民泊の集客は、リスティングの写真が命と言ってもいい。

部屋の隅から隅まで、こんなものまで？　と思うものまで、ありとあらゆる写真を撮って伊藤さんに送ったのは、開業前の顚末で書いた通りだ。

その中から伊藤さんが選んでトップにあげたのは、和室からアンティークのデスクを置いた縁側を見る写真だった。和室の障子と、雰囲気のあるアンティーク家具がお洒落な雰囲気を醸し出す。いかにも和モダンの古民家民泊っぽい一枚で、私も気に入っていた。

これ以外で、何かアピールする写真はないか考える。

伊藤さんが言う。

「やっぱり温泉でしょうか？」

温泉そのものはもちろんのこと、古代檜の浴槽は、自慢のひとつだった。

借家時代から温泉は引かれていたが、この古代檜風呂を入れたのは、最後の貸借人が越した後だった。

一九八〇年代後半、バブル景気の熱っぽい時代、父は専務から副社長になり、富士屋ホテルのチェーン総支配人を兼務していた。その頃、富士屋ホテルの別館、元御用邸の菊華荘の浴槽を新しくしている。その際、離れにも同じ浴槽を入れたと聞いた記憶がおぼろげながらある。

継母の順子は、ことあるごとに「古代檜なんて、もう手に入らないのよ」と言う。

そうしたエピソードをもろもろ思い出して、私は答えた。

「そうですよね。やっぱり温泉ですよね」

そして、檜風呂に温泉があふれる写真をトップページに変えたのだった。

さらに私は、開業時から目論んでいた計画を検討してみることにした。

民泊に食材をデリバリーできないだろうか。

高齢化の進む大平台では、飲食店も商店も極めて少ない。

飲食店は、第二章にも書いた「みどり寿司」、民泊のお隣にある居酒屋「てっちゃん」、そして駅前のラーメン屋「大平亭」の三軒である。

商店も「細川酒店」、八百屋の「美濃島商店」、そして「丸喜屋」の三軒。「丸喜屋」は「コンビニエンスストアー」と看板を掲げているが、ローソンやセブン‐イレブンのようなフランチャイズではない、こぢんまりした個人商店である。箱根のほかの温泉地同様、スーパーマーケットはない。

だから、せめて朝食の材料を届けられないだろうかと思ったのだ。

このアイディアには、原点となる体験があった。

二〇〇〇年代初め、日本では民泊なんて言葉はもちろん、そういう発想もなかった時代、アルベールビル冬季五輪のスキー競技が開催されたフランスのトロアバレーというスキーリゾートで、いわゆるバケーションレンタルに泊まったことがあった。休暇が長いヨーロッパのリゾートでは、ずっと以前から、観光客が休暇の間、アパートメントや借家を借りるのは一般的なことだった。

トロアバレーとは、文字通り、三つの谷という意味で、富裕層向けのクールシュヴェルと、ファミリー向けのメリベル、そして体育会系のがっつりスキーヤー向けのヴァルトランスの三つからなる。

私が泊まったバケーションレンタルは、ヴァルトランスにあった。

夕食をどうしたかは忘れてしまったのだが、朝食のことはよく覚えている。

前の晩に、朝食セットのようなものが届けられたのだ。

日本人の感覚だと、部屋に届けられる朝食というと、料理されたものが密閉容器に入ったようなものを想像するが、お弁当といえば、バゲットにハムやチーズを挟んだものというお国柄である。届けられたのは、丸のままのバゲットにクロワッサン、バターやジャム、チーズ、パッケージのままのオレンジジュースや牛乳、ヨーグルト、それに果物がついていただろうか。赤いギンガムチェックのナプキンに包まれて、バスケットに入っていたように思う。

お弁当というよりは、朝食の材料の宅配である。

だが、ヨーロッパのいわゆるコンチネンタルブレックファストは、そもそも調理した卵などは食べない簡素なものだから、ことさらに調理が必要なものはない。ナイフでざくざくパンや果物を切って、飲み物は、グラスやコップに注げばいい。

もちろん、町中にはスーパーマーケットもあり、届けられたものは、すべてそこで調達できるのだが、日中スキーに興じていると、買い出しは面倒である。

そのあたりの心理をついたサービスなのだろう。

大平台でも、同じようなことができないだろうかと考えたのだ。

まず頭に浮かんだのは、母屋のスパの顧客で、天然酵母パンのベーカリーをやっている女性である。週に三回くらいの営業だが、サービスを提供できる曜日を限定すればいい。しかも、彼女のご主人は、小田原から箱根に行く途中の国道一号線沿いでスーパーマーケットを経営している。そこで、パン以外の材料もそろうではないか。

早速、相談してみると、興味を示してくれた。

やっぱり彼女も、調理済みのサンドイッチなどを届けることをイメージしていたが、私は、そうじゃなくて、とフランスでの体験を説明した。

「配達は朝じゃなくていいのよ。前日の午後から夕方の時間があるときで」

「ランチボックスみたいなものじゃないんですか」

「そうじゃなくて、材料だけを届けるの」

話していると、どんどんイメージが膨らみ、アイディアがあふれてくる。

バスケットも可愛いけれど、それを回収するのも手間だから、エコバッグのようなものに入れてもいいかもしれない。バッグも込みの料金にすれば、多少割高になっても商品として、魅力的ではないだろうか。

夫に朝食デリバリーのアイディアを話すと、彼はきっぱりと言う。

「いや、朝食より夕食だろう。これから寒くなる季節は、鍋だよ」

「鍋かあ、それもいいかもね」

「そうだよ、鍋だよ」

ベーカリーは週三回しか営業しないが、スーパーマーケットはいつも営業している。鍋の素材だって、全部そろうだろう。

その瞬間、私はひらめいた。

「そうだ、角山の麩とゆばがある」

光テレビ視聴できない事件の時、アンテナを立てる電気屋を紹介してもらった幼なじみの角山が、大平台で麩とゆばの製造販売をしている。

なかでも「汲みゆば」という生ゆばは、箱根ではちょっと知られている。箱根湯本に「直吉」という、行列のできるゆば丼の店があるが、そこで使われているのだ。

大平台で、唯一の地場産業と言えた。

もともと箱根は水がいいことから豆腐が有名である。なかでも、大平台は名水で知られる。豊臣秀吉の小田原攻めの時、姫君の化粧水に選ばれたという「姫の水」など、湧き水がいくつかある。

そういえば、大平台にも、「辻国」という豆腐店があることを思い出した。角山のすぐ隣で、姫の水を使っていることを売りにしている。

ゆばと豆腐があれば、ヘルシーな鍋になるのではないか。

朝食セットの時と同じく、どんどんイメージが膨らんでいく。

まずは、ゆばを試食してみようと言うことになった。

汲みゆばは私も好きで時々買っていたのだが、今回は、いろいろレシピを考えながら食べてみた。

「直吉」では、柳川のように卵とじにして、ゆば丼として提供しているが、汲みゆばの最もベーシックなレシピは、わさび醤油だ。刺身として食べるのである。大豆の味が引き立つ王道の食べ方である。

たまたま取材で一緒になった、イタリアのオリーブオイルを輸入しているという女性は、「オリーブオイルとバルサミコ酢はどうかしら」と言う。

早速、試してみると、モッツァレラチーズのような味わいになった。

下戸で甘党の夫が「これだ」と気に入ったのが、小豆ときなこと黒蜜をかけたスイーツ仕立ての食べ方である。豆乳で作る台湾の豆花《トウファ》というスイーツの日本版という感じ。考えてみれば材料は同じである。私の記憶にあった豆花の印象から、連想して考えたレシピだった。

肝心のゆば鍋について角山に相談すると、汲みゆばは生で食べるものなので、鍋にはならないと言う。

「鍋だったら、巻きゆばだね。でも、そんなにたくさん入れるものではないけれどね」

そんなにたくさん使わないなんて、ゆば屋が言わないでほしい。

でも、とりあえず、巻きゆばを二本ほど買って試してみることにする。

九月、その年はことさらに残暑が厳しかった。

まだ、全く鍋の気分ではないが、大汗をかきながら、辻国の豆腐と角山の巻きゆばに、野菜と豚肉を入れ、辻国の豆乳を入れて鍋にしてみる。

さしずめ「大平台鍋」と言ったところか。

なかなか美味しいではないか。寒い時期だったら、温まっていい気がする。

アイディアが暴走して、レシピばかり考えてしまったが、重要なことに気づく。デリバリーをどうするかである。

フランス風朝食セットも大平台鍋も、デリバリーを確保しなければ、妄想に終わってしまう。

開業前、最初の打ち合わせの時、伊藤さんと、清掃のC社のFさんをまじえて、ちらっと今回の計画を話したことがあった。理想を同じくする伊藤さんは、「面白いですね」と乗ってくれた。Fさんも、清掃チームによるデリバリーは可能性があると興味を示してくれた。少なからず、そうした感触があったからこそ、膨らんだ妄想である。

早速、伊藤さんを介して、正式に打診してもらう。

結果は、一回あたり五千円との返事だった。

清掃が一回あたり六千円。小田原から上がってくる途中で、ピックアップするだけだから、若干のプラスアルファでいけるかと思ったが、想定外の料金に目論みが外れる。

相談を持ちかけた天然酵母ベーカリーのオーナーに結果を報告する。

「ウーバーイーツとか、あればいいんだけれど」

彼女がぽつんと言う。息子さんが、東京でウーバーイーツの配送アルバイトをしているらしい。

　念のため、箱根、大平台の住所を入れてみる。

〈現在、こちらの住所への配達には未対応です。Uber Eats の配達エリアを拡大する際にはお知らせします〉

　と表示された。

　宅配ピザさえ取れないのだから、当然の結果といえた。

〈サービスが開始されたら通知を受ける〉をクリックしておいたけれど、いったいいつになるのか。

　こうして、私たちのサービス強化の計画は、あえなくお蔵入りすることになったのだった。

第七章　超大型台風が箱根を直撃する

民泊を開業した二〇一九年は、関東地方に影響をおよぼした台風が多い年だった。

九月五日に発生した台風一五号は、暴風が千葉県に甚大な被害をもたらし、私たちが暮らす川崎のマンションの敷地にある桜並木もなぎ倒していったが、箱根への影響はほとんどなかった。

そして、十月六日、台風一九号が発生した。

天気予報の進路予想を見ながら私は不安を募らせていた。

太平洋の高い海水温で、台風は尋常ならぬスピードで成長していく。台風の勢力は「非常に強い」から「猛烈な」に発達するとの予想が出ていた。

悪い予感がした。

九月は三組しか予約がなかったけれど、十月は順調に予約が入っていた。

特に十月十二日から十四日まで、土日月の三連休は、連続して予約が入っていた。十二日から日本人四名が一泊、十三日から日本人三名が一泊である。

台風一九号は、まさにその連休にぶつかる予報だった。

八日、進路予想が不穏な動きを見せ始めると、キャンセルの問い合わせが入った。最初に連絡があったのは、十三日に宿泊予定のゲストだった。

私たちのキャンセルポリシーは、チェックインの七日前以降は、清掃費用のみ返金するルールになっている。日本の一般的な宿泊施設と比較するとかなり厳格だが、Airbnb では一般的である。でも、実際は、ゲストの状況に応じて柔軟に対応することにしていた。今回も理由が台風であれば、キャンセルはしかたない。返金することに決めた。

同じ日に、台風直前でありながら、十日から一泊でフランス人三名の予約が入った。

一方、私は十月八日の夜、日付は九日の深夜便でラオスへ取材に行く予定が入っていた。往復ともにバンコク経由で、帰国便は十三日の朝早く羽田空港に到着する予定だった。

予報を見る限り、帰国日が台風の上陸に重なりそうで不安になる。でも、出発前の段階では、まだ帰国便はキャンセルになっていないから、どうすることもできない。

もっとも、当初、進路予想図は、やや西に偏っていて、関東地方を直撃するかどうかはわからなかった。

思い悩んでも仕方ない。後のことは夫に任せて旅立った。

目的地は、世界遺産の古都、ルアンプラバンである。

お寺の数が多いことで知られ、観光の目玉は早朝の托鉢見学。のんびりと平和な雰囲気が好まれ、近年、欧米人観光客を中心に人気上昇中の観光地だ。

『地球の歩き方』のラオス編の編集を長年手がけている友人から依頼された仕事だった。九〇年代に青年海外協力隊でラオスに赴任して以来、ガイドブックのほか、ラオス語の通訳など、さまざまなかたちでラオスに関わってきた彼は、苦節二十数年、観光地としてメジャーになったことを喜んでいた。そうした状況を受けて、『地球の歩き方』のグラビアページで、ルアンプラバンのホテルを紹介することになったのである。

到着の翌日、一日遅れでベトナム経由の便で到着したカメラマンと合流する。

ルアンプラバンは、ちょうど乾季の始まり。山間の高原地帯なので、朝晩は涼しいが、太陽が照りつける日中は真夏の暑さになる。日本に台風が迫っているのが嘘のように、乾季のラオスは、よく晴れた天気が続いていた。

取材先では、旅に没頭するのが私の流儀だ。

だが、今回ばかりは、台風が気になる。

取材の合間に、頻繁にスマホをチェックする。

民泊のプロジェクトが始まってからは、WiFiルーターは必需品になり、外出先でもレンタルしたモバイルルーターを使ってネットをチェックすることが増えた。パプアニューギニアに行った時は、日本からレンタルしていったモバイルルーターが機能せず、現地で買ったくらいだ。

そこまでして気にしなければならないのが、ヤマグチハウス清掃グループとヤマグチハウスグループのラインであることは言うまでもない。

加えて、今回は、それより台風の進路予測である。あわせてバンコクからの帰国便を予約している全日空のサイトも頻繁にチェックする。


十日の朝、カメラマンと合流し、私が前日から泊まっていた一軒目のホテルを撮影する。その頃、台風一九号は、九一五ヘクトパスカルという猛烈な勢力を維持したまま、太平洋上を不気味に北上していた。

十二日に予約の入っていたゲストもキャンセルになったと連絡が入る。

これも、返金することに決める。

進路予想図では、上陸地点が微妙に東にスライドしていたが、予定の便はまだキャンセルになっていない。とりあえず飛ぶ前提で、夫に空港に迎えに来てもらい、そのまま箱根に行こうと連絡をとりあっていた。

だが、十日の夜になって、夫から連絡が入る。

「明日、金曜日の夜から行ってくるよ」

台風の直撃前に行かないと、移動できなくなると言うのだ。

民泊はもちろんだが、スパを運営している母屋も心配だと言う。。

台風上陸に向けての注意を促す、緊迫したニュース報道が増え始めていた。

この時点で、箱根の予想雨量は五〇〇ミリと報道されていた。

スマホから目を離すと、メコン川に沿ってたたずむルアンプラバンは、その日も夕陽が美しかった。

そして、十一日を迎えた。

ルアンプラバンは平和な朝だった。

托鉢体験が観光の目玉であるルアンプラバンでは、前夜にフロントに頼んでおくと、僧侶に寄進する主食の餅米や果物の入ったかご、いわゆる托鉢セットを用意してくれる。

前の晩にホテルのマネージャーから教えられた通りの角まで行ってみる。

道に沿って、プラスティック製の小さな椅子が並べられ、観光客がそこで托鉢ができるように準備がしてあった。だが、肝心の観光客が誰もいない。

そんなところに托鉢かごを抱えて、一人ふらふらと迷い込んだ私は、所場を仕切っている托鉢おばさんの餌食になってしまった。

ここに座れと命じられ、座るとまもなく僧侶の列がやってきた。

托鉢をするのが私しかいないものだから、かごの餅米はすぐなくなってしまう。

すると、托鉢おばさんがすかさず、新しい餅米の入ったおひつを持ってくる。

まもなくすると、今度は反対側から、先ほどの何倍もの数の僧侶がやってきた。まだ幼い少年僧もいる。何十人、いや百人近くいたかもしれない。

托鉢おばさんは、私につきっきりで次々と新しいおひつを持ってくる。

後になって、ルアンプラバンになれたカメラマンから「ご飯がなくなったら、そうゼスチャーすればいいんですよ」と言われたが、目の前にあらわれる僧侶から次々と鉢を差し出されたら、断れない。それに、私の横には托鉢おばさんがじっとスタンバイしているのだ。

結局、おひつに七、八杯ぶんの餅米、日本円に換算して五千円以上の金額を托鉢おばさんに支払った。物価の安いラオスでは相当な金額だ。托鉢おばさんは、うれしさを隠しきれない表情をしていた。ぼったくり商法以外の何ものでもないのだが、功徳を積んだと思うしかなかった。


朝の托鉢を終えて、さらに頻繁にスマホをチェックする。

私より帰国が後で、フライトキャンセルの心配はないカメラマンも、自宅の近くに多摩川の支流があるとのことで、にわかに留守宅が心配になってきた様子だった。


夕方からは、メコン川のサンセットクルーズの取材だった。

台風の状況が気になって、夕陽が目に入らない。

カメラマンに撮影を任せて、川の上でもネットをつなげる。長距離フライトは、早くから欠航になっているのに、搭乗予定のフライトは欠航にならない。バンコク便は後回しなのだろうか。欠航が決まらないことには次の手が打てない。私のチケットは旅行会社で買ったものなので、欠航の場合は、旅行会社を通して連絡するように言われていた。金曜日の営業が終わり、連休になってしまったらどうすればいいのか。

やがて、ボート上で美味しそうなカナッペがサービスされ、空が赤く染まり始めた絶妙のタイミングで、ついに私のフライトがキャンセルになったと表示される。

慌ててメコン川の上から旅行会社に国際電話をかけると、最後に残っていた社員が電話に出た。

だが、今さらどうすることもできないとのことで、空港のカウンターで自力で交渉してください、と言われて電話は切れた。

仕事の依頼主である友人は責任を感じて、全日空のサービス窓口に電話をかけてくれるとメッセンジャーで連絡が入ったが、この非常時である。彼の努力もむなしく、電話が通じることはなかった。

こういう場合、どういう経緯で購入したチケットであっても、空港のチェックインカウンターに行けば、たいてい何らかの代替チケットを用意してくれる。とはいえ、連休の後半だ。フライトに空きがなければ、数日後のチケットが割り振られる可能性もあった。

バンコクで足止めされるのは避けたい。なるべく早く帰りたかった。

ホテルに戻った私は、バンコクからの片道チケットを探してみることにした。

こういう時は、日本から飛んでくる飛行機が折り返す日本の航空会社ではだめだ。バンコクに予備機がいくらでもあるタイ国際航空にしよう。そして運良く十三日昼発の羽田行きのフライトの最後の一席を購入できたのだった。

帰国する手はずを整え、ほっとすると、にわかに箱根のことが心配になった。

気がつくと午後八時近くになっている。日本時間では、午後十時近い。

夫からぽつんとラインが届いた。

〈大平台到着〉

災害用に常備してあるレトルトご飯やカップ麺を携えて、無事に到着したとの知らせに安堵して、私はようやくカメラマンと遅めの夕食に向かったのだった。


翌日の十二日は、ルアンプラバン滞在の最終日だった。

午前五時、ラインの着信音で目を覚ます。

夫が〈緊急速報　警戒レベル４　避難勧告〉というメールのコピーを送ってきた。

日本時間の午前七時である。

ラインのメッセージが続く。

〈町の放送も朝からひっきりなしだけど、雨音でよく聞こえない！〉

箱根では、予報の五〇〇ミリを大幅に上回る、すさまじい量の雨が降っていた。

こうなると、防災無線なんて役に立たない。

でも、大平台は川の氾濫や崖崩れの心配はないはずだ。

関東大震災の後、祖父は用意周到に土地を選び、家を建てたと聞いていた。スパと民泊の工事をしたときも、地盤の良さは太鼓判を押されていた。

大丈夫と信じることにして、私は、取材に出かける準備をする。

托鉢体験は、前日に一生分の功徳を積んだから、今日は見るだけでいい。滞在先のホテルの前を通る僧侶の列を撮影した後、ランニングの取材に行く。ルアンプラバンの町は、メコン川につきだした半島のようになっていて、一周すると五キロくらいのちょうどいいコースになる。

別行動で托鉢とランニングの写真を撮っていたカメラマンと合流して朝食をとる。

彼も心配そうな様子だった。家の近くにある多摩川の支流が警戒水位を超えているらしい。

「家族は避難所に行きました。とりあえず一安心です」

夫からのラインの着信音がひっきりなしに鳴る。

母屋が雨漏りしたようだった。

写真が送られてきた。

屋根の一部に緑色のシートをかけて、上に何かおいている。

〈ずぶ濡れになりながら重しをのせた。倉庫に漬物石あったっけ？〉

〈あったと思うけど〉

〈探してみる〉

〈漬物石なんか屋根にのせて大丈夫？〉

〈わからないけど、何か重いものをのせないと〉

ラインのやりとりが続いた。

次に送られてきたのは、雨漏りしている室内の写真だった。

花瓶だのバケツだの、手当たり次第に雨を受け止める容器がおいてある。でも、すぐに一杯になってしまうと言う。

朝食の後はもう少し町歩きをするつもりだったけれど、そわそわして落ち着かない。早々にホテルに引き返してきた。太陽が真上にのぼったルアンプラバンは、早朝のすがすがしさが嘘のように暑かった。

午後二時半過ぎ、夕方のバンコク行きのフライトに乗るため、ホテルをチェックアウトする。

同行のカメラマンは、一足早く首都のビエンチャンに旅立っていった。

台風一九号の状況は、海外メディアでも報道され始めたらしく、見送りに来たホテルのマネージャーの女性が心配してくれる。

ルアンプラバンの小さな国際空港でフライトを待つ間も、ずっとスマホで台風情報を検索する。

すると、見慣れた風景の、息をのむような映像が飛び込んできた。

箱根湯本を流れる早川が茶色い濁流となり、いまにも溢れそうになっている。

まずい。箱根が大変なことになっている。

夫は、大平台の母屋で雨漏りの対処に精一杯で、離れの民泊の様子さえ見に行けていない状況だった。外に出ていないから、雨漏りしている写真しか送られてこないのだ。

箱根町のサイトを開いて、防災情報を見てみるが何もアップされていない。

一般的なニュースサイトでは、時々ニュース映像は流れるけれど、箱根に特化した情報はわからない。どこか、箱根の情報が得られるところはないだろうか。

そうだ、と思い出したのが、スパを開業した時に入会した箱根プロモーションフォーラム（通称箱プロ）という組織だった。ミュージアムなどの日帰り施設が中心になって立ち上げたもので、箱根の観光施設、交通機関や行政、一部の宿泊施設も加わり、さまざまなことを先頭になって仕切っている。箱根でもっとも活発で、頼りになる組織だと、箱根とは何の関係もない観光業界の知り合いから噂を聞いて入会していたのだった。

早速、フェイスブック経由で箱プロのメッセンジャーグループに入った。

するといきなりこのフレーズが視界に飛び込んできた。

〈箱根町現在二冠王です！〉

どういうこと？

アメダスランキングの一時間あたり雨量と、二十四時間雨量だった。

日本時間の午後五時、二十四時間雨量は七二二ミリに達していた。もちろん二冠王だから、
全国一の雨量であることは言うまでもない。

続いてコメントが入る。

〈一〇〇〇行くね〉

その予言は、やがて現実となる。

最終的に、箱根町の降り始めからの降水量は一〇〇〇ミリを超え、十二日の二十四時間降水量は全国歴代第一位の九二二・五ミリを記録した。

メッセンジャーのやりとりは、しばらく軽口が続いていた。と、思ったらこのメッセージが飛び込んできた。

〈箱根停電きました！〉

そして、午後六時二十分頃、地震がおきる。

夫のラインが入る。

〈揺れたけど、台風かなあ〉

〈いや、地震だよ。千葉で震度四〉

震源は千葉県南東沖だった。

もうじき伊豆半島に台風上陸という予報が出ているなか、地震なんて。その頃が、最も不気味な時間だったかもしれない。

台風一九号は、十月十二日の午後七時少し前、伊豆半島に上陸した。

私は、まだルアンプラバンの空港にいて、バンコク行きのフライトの搭乗が始まろうかというタイミングだった。

私たちが住む川崎市幸区にも避難指示が出ている。多摩川も氾濫してしまうのだろうか。誰もいない留守宅のマンションのことも心配になる。

〈気をつけて。頑張って〉

ラインのメッセージを送り、飛行機に乗り込む。残念ながら機内WiFiはないので、バンコクまでの約二時間は無事を祈るしかない。

ようやく着陸して、ネットをつなげる。

〈停電しました〉

到着一時間ほど前の夫のラインメッセージだった。

今さらながら〈大丈夫？〉と送ると〈停電はなおった〉と返事がある。

箱プロのメッセンジャーでも停電情報が行き交っていた。

その晩は、バンコクのスワンナプーム国際空港近くのホテルで一泊した。

チェックインして部屋に落ち着くと、日本時間では深夜だった。

箱プロのメッセンジャーには、闇の中、道路が冠水した画像や動画がアップされていた。バンコクまで来るとＮＨＫを視ることができる。台風一九号は、長野県と北関東に被害をおよぼしながら北上していた。

翌朝になると、長野や東北の被害が拡大し、報道では箱根は取り上げられなくなった。

千曲川が氾濫した映像に息をのむ。

一晩過ぎて、箱根はどうなったのだろう。頼るべきは箱プロである。

朝一番にアップされた写真は、青空を背景に芦ノ湖畔が冠水した画面だった。

芦ノ湖、溢れてしまったのか。

箱根観光船の桟橋も浸水している。見たことのない風景に愕然とする。

もう一枚、衝撃的な写真がアップされていた。

箱根登山鉄道の線路がグジャグジャになっている。ツイッターにあがったものらしい。

わが家の最寄り駅は、箱根登山鉄道の大平台駅で、駅に近いロケーションは、民泊の大きな売りだった。

〈箱根登山鉄道は土砂崩れで運休。再開の見通しないってよ〉

羽田に向かうフライトの搭乗前、夫にラインをする。

〈ヤバいね！　民泊キャンセルになっちゃう！〉

さらに、箱根新道以外、箱根全山の道路が通行止めになっているとの情報が入る。

国道一号線も箱根湯本より先は通行止めだった。

大平台もその区間にあたる。箱根駅伝のルートでもある国道一号線は、箱根の大動脈であり、箱根登山鉄道と並ぶ大平台への重要なアクセスだった。

〈大丈夫？　通れる？〉

大平台で一夜を明かした夫は、ちょうど川崎に戻るところだった。

〈大丈夫みたい〉

ラインの返事がある。

車は走っているし、大平台から下るぶんには何の問題もないようだった。

箱プロのメッセンジャーには、観光客には勧められないけれど、自己責任で通しているようです、との情報がアップされていた。

母屋の雨漏りは酷かったが、民泊は被害がないとの報告を受けて一安心する。

十二日は、日本航空と全日空、日系の大手二社だけで国内線、国際線、あわせて一〇〇〇便以上が欠航し、十八万人に影響が出たという。私もその一人だったことになる。

しかし、箱根の被害は甚大だった。

何しろ、台風一九号における最大雨量の二冠王だったのである。強羅の旅館で土砂崩れがあり、巻き込まれて軽傷を負った女性が一人出たが、人的被害がほとんどなかったのは奇跡的な幸運だった。だが、交通網はズタズタだった。

十三日は、箱根登山鉄道、箱根登山ケーブルカー、箱根ロープウェイ、小田原・箱根湯本間を除くすべてのバス路線が運休。道路も国道一号線が通行規制、国道一三八号線は宮城野・仙石原間が土砂崩れで通行止め。県道七五号線、県道七三二号線（旧東海道）は全線通行止め。平常通りは箱根新道だけだった。

十四日の夜、小田急箱根グループから、交通機関の運行予定が発表になった。ロープウェイは再開、ケーブルカーも十七日の再開を目指すとあったけれど、箱根登山鉄道のところには、このようにあった。

「土砂崩れによる橋脚流失や電柱倒壊、道路からの雨水流入による道床流出等のため、終日運休します。復旧には長期間要します」

しかも、最後の一文にはアンダーラインである。

私の記憶にある限り、このような事態になったことはない。

だが、歴史を振り返れば、自然災害で長期運休になったことが二回ある。

台風による運休は、一九四八（昭和二三）年のアイオン台風以来になる。この時の総雨量が六〇〇ミリというから、今回の台風一九号の雨量がどれだけとんでもないものだったかわかる。

もうひとつの自然災害は、関東大震災である。この時は、復旧までに一年三ヶ月を要した。

今回の被害は、もしかしてこちらに匹敵するのかもしれない。

さまざまな噂が駆け巡ったあげく、小田急が箱根登山鉄道の全線復旧予定を「二〇二〇年秋頃」と正式に発表したのは、台風直撃から一ヶ月あまり後、十一月二十二日のことだった（実際には、二〇二〇年七月二十三日に全線復旧した）。

帰国して数日後、箱根の生命線ともいえる、もうひとつの被害が明らかになった。

それは、温泉の被害である。

二〇一五年、箱根山の噴火警戒レベルが上がった時には、大涌谷の警戒エリアに温泉供給設備のある温泉は、メンテナンスに入ることができなくて、しばらく影響を受けた。

だが、箱根の温泉は、源泉がたくさんあり、大涌谷の温泉供給設備から供給を受けているのは一部の地域に過ぎない。たとえば大平台温泉では、温泉の被害はなかった。そのあたりが理解されず、風評被害が長引いたのだった。

今回は、その時と同じ大涌谷エリアの温泉供給設備がまた被害を受けたばかりでなく、その他の源泉でも被害が出ていた。

もちろん、今回も箱根の温泉がすべて止まってしまったわけではない。

しかし、あきらかに噴火の時より多くの源泉が、さまざまなかたちで被害を受けていた。

そのひとつが、私たちの民泊がある大平台温泉だった。

帰国後、報告を受けた時、夫がちらっと「温泉がぬるい気がした」と言っていたが、私は、気にとめていなかった。

蛇口をひねれば温泉は出るし、私に教えてくれた夫もそう気にしてはいなかった。もともと温泉は掛け流しにしておかないと、温度が上がるのに時間がかかる。

入浴すれば気づいたのだろうが、台風が過ぎ去ったのを見届けた夫は、温泉に入ることなく帰宅していた。

温泉の被害に思いがおよばなかったのは、少なくとも私が生まれて以降、大平台温泉に問題がおきたことはなかったからだ。アイオン台風と関東大震災の時でさえ、温泉が被害を受けたという話は聞いたことがなかった。

ところが、台風上陸から五日目の十六日になって、温度が低いのは「気のせい」ではないという事実がはっきりする。近隣の住民からの連絡だった。大平台温泉を供給しているポンプが壊れてしまって温度が下がっていると言う。

公共の温泉浴場「姫之湯」も、台風以来、ずっと休業中だ。

大平台の知り合いに何人か連絡してみるが、温泉が出ないところもあれば、問題ないところもあり、情報が錯綜して、正確な情報がつかめない。


わが家の温泉は、民泊も母屋も確かにぬるかった。

民泊の浴槽に温泉をため、浴室においているラッコ型の温度計を浮かべるが、三七、八度より温度が上がることはなかった。

いくらラッコを見つめても、状況は変らない。

温泉がぬるいという事実が判明した以上、対策を考えなければならない。

スパを運営している母屋には、給湯器がなかった。お風呂やシャワーはもとより、台所や洗面所も、お湯はすべて温泉なのである。贅沢なことだと驚かれるが、大平台温泉の規定では、水道のように使用した量で料金が決まるわけではない。支払う料金によって、分あたり供給される温泉の量が決められているが、その範囲内であれば、二十四時間使い続けても、一時間ぶんしか使わなくても料金は同じである。温泉を引く契約をしている以上、使えば使うほど得になる。だから、給湯器をつけるという発想にならなかったのだ。

そのため、温泉の温度が低くなれば、ぬるくて役に立たない。スパは温泉が復旧するまで休業するしかなかった。

一方、民泊は、開業時に給湯器をつけておいたから、沸かし湯を加えれば使える。

とはいえ、民泊は、掛け流しの温泉があることを前面に打ち出してアピールしている。特に九月からは、Airbnb のトップページの写真を温泉に変えたばかりだった。

リスティングの文章を変えなければ、詐欺になってしまう。

そこで、温泉が台風で被害を受けてぬるくなっていることを明記し、あわせて五千円の値下げを決断したのだった。


台風が過ぎ去って数日後、私は「姫之湯」にある大平台温泉組合をたずねてみることにした。温泉がいつ復旧するかはもちろんだが、大平台の源泉のひとつは、山口家の共有地にある。その意味からも、温泉被害の状況は心配だった。持ち分はさほど大きくないが、私は使用者として温泉組合に料金を払う一方、源泉地の持ち主として、温泉組合から使用料をもらう立場でもあったからだ。

休業中でがらんとした「姫之湯」に入っていくと、組合長は、被害を受けた源泉地の写真を用意して待っていてくれた。

「山口さん家の源泉地はこれですよ」

「……」

見せられた写真には土砂崩れの様子が映っていた。

源泉地が箱根登山鉄道の線路近くにあることは、父祐司から聞かされていた。大平台温泉として大平台に引いているが、源泉があるのは宮ノ下と小涌谷の間くらいになる。今回の台風被害で最も大きな被害があったあたりだ。

「箱根登山鉄道が復旧しないと、この状態では、どうしようもないね」

「時間がかかりますね。大平台温泉はどうなるんですか」

「源泉はほかにもあるから大丈夫なんだけどね。たまたま、温度が高くて湯量も多いもうひとつの源泉のポンプが壊れていたんですよ。だから、これを復旧して、山口家源泉を迂回するように給湯パイプをつなげば、温泉は元に戻ると思うよ」

「いつ頃、復旧しそうですか」

「そうだね。うまくいけば十一月の初め頃かな。もう少しかかるかもしれない。山口さん家の系統は、対岳荘の先だから、あそこの自家源泉がなおれば早いけどね」

対岳荘とは、わが家の近くにある私学共済組合の保養所だった。

「対岳荘の自家源泉も被害にあったんですか」

「そうらしいね」

対岳荘はオフシーズンになると、休館することがあった。そうすると、温泉の量が急に増えて、あふれかえることがあった。わが家の温泉は、対岳荘の自家源泉の状況に左右されていたのか。給湯管の系統によって、同じ大平台温泉でも、いろいろと状況が異なることを初めて知った。

ヤマグチハウス アネックスは、料金を五千円下げて営業を続けた。するると驚いたことに、次々と予約が入り始めた。

十一月は、本来箱根のハイシーズンということもあるが、あっという間に予約が埋まり、気がつくと、八月よりも多い十二組になっていた。

箱根登山鉄道は不通だが、大平台までの道路は問題ないので、車でならアクセスできる。鉄道の代替バスもあるし、従来の路線バスの運行も通常通り。多少不便だが、大平台までの交通手段は確保されていた。

台風によるキャンセルは、直撃前後の二組のほか、十月十八日からの一泊と二十日からの一泊の合計四組。そのため十月の売り上げは惨憺たるものだったが、十一月で取り返したことになる。

開業以来、ゲストは外国人が多いが、十一月も十二組のうち九組が外国人だった。

台風後の箱根は、以前より外国人の姿が目立つようになっていた。

噴火の時もそうだった。箱根は災害のたびに外国人観光客に助けられた。

最近の箱根では、有事のインバウンド、リスクヘッジのインバウンド、という印象がある。日本人観光客のように風評に惑わされない。

温泉が被害を受けた箱根の旅館やホテルの対応は、まちまちだった。

温泉がなければ温泉旅館ではない、と休業するところもあった。沸かし湯であることを明記して、営業を続けるところもあった。

外資系のリゾートホテルは、温泉がないことをネガティブに語らず「温泉が沸かし湯であること以外は何の問題もありません」と明るく対応し、外国人で賑わっていた。

十一月初旬、対岳荘の自家源泉が予定より早く復旧し、大平台温泉のほかの地域より一足早く、わが家の温泉の温度は元に戻った。ほっと胸をなでおろす。

スパも再開業し、民泊の五千円値引きセールも終了した。

こうして、私たちは、台風一九号の試練を乗り越えたのだった。

十二月二十七日には宮城野と仙石原を結ぶ国道一三八号線が復旧し、道路の通行止めはすべて解除された。

二〇二〇年一月、開催が危ぶまれた箱根駅伝も例年通りに行われた。

風のない、絶好のコンディションに恵まれ、新記録が続出した。

いつもの年と違うのは、小涌谷の箱根登山鉄道の踏切で、電車を止めてランナーを通す係員の姿がないことだった。

あとは、箱根登山鉄道の復旧を待つばかりだった。

第八章　野生のイノシシ襲来

二〇一九年十一月中旬、台風が一段落してほっとしたのもつかの間、また事件が勃発した。ある朝、夫に「幽霊が出たってよ」と言われておこされた。

「え？　幽霊？」

「ライン、読んでみなよ」

ヤマグチハウスグループのラインに、ゲストからのコメントを伊藤さんが報告してきていた。抜粋するとこのような内容だった。

〈夜中三時頃からずっと足音が聞こえてて、僕はもしかしたら侵入者でもいるのかな、と思い貴重品を寝室に持っていったりして身構えていたんですが、特に何もなく、でも、足音だけが聞こえていたんです。朝家から出て左手を見たらお墓があったんで、もしかして、そういうことかなと思っているんですが。僕も幽霊とか信じていないし、まさかって。でも、本当に人だ

ったら、それもそれで、まずいよなあと思って〉

わが家の隣家は、林泉寺というお寺である。そして、その敷地には墓地がある。民泊へ行くにはその脇を通るのだが、アクセスを説明するのにいつも躊躇するのは、お墓の写真を入れるかどうかだった。あるものはしかたないが、お墓が近いことを大々的に宣伝しなくてもなあ、といつも思っていた。

だからといって、幽霊なんか出ない。

心霊スポットだなんてことは、断じてない。

ましてや、不審者ということもないはずだ。そんな事件は聞いたことがない。

夜中に足音と聞けば、もう犯人はわかっている。あいつに間違いない。

私は、夫と顔を見合わせて言った。

「イノシシだあ」

「また、出たんだ。どうしよう」


二〇一九年の秋、日本各地でイノシシが出没した。

都内足立区にあらわれたイノシシは、大規模な捕獲作戦が実行され、ニュースになった。

箱根でも、箱根湯本の商店街を駆け巡るイノシシがニュースになった。

そして、彼らには「アーバンイノシシ」なる名前がつけられた。

箱根においては、イノシシとの戦いは、今に始まったことではない。

台風のせいでも、暖かすぎる秋のせいでもない。箱根湯本は、商店街だからニュースになったけれど、大平台では、日常的にイノシシは駆け巡っていた。珍しくもないので話題にならないだけである。

　私の記憶では、箱根でイノシシの当たり年は、むしろ二〇一七年から一八年にかけてだったと思う。

　例年にもまして、イノシシがあばれまわっている話をよく聞いた。箱根の人と話すたびに、イノシシよけの柵でいくらかかったとか、そんな話ばかりが話題にのぼった。

　夫が花壇に植えたチューリップの球根は、ひとつ残らず食べられた。彼は今でもイノシシというと、チューリップの話を恨めしそうにする。

　スパを運営する西田さんは、母屋の敷地を駆け回るイノシシを目撃した。あまりに危ないと相談を受け、箱根町の鳥獣対策担当に連絡し、大きな檻のついた罠を庭に仕掛けてもらい、一頭捕獲するという大騒ぎがあったのもこの時だ。

　隣家のBさんからもイノシシ対策は柵しかないという話を聞き、私たちは、大枚はたいて敷地をぐるりと囲む柵を取り付けたのだった。

　さらに、友人からイノシシには唐辛子が効くという話を聞き、業務スーパーで大量の唐辛子を買い込み、柵の周辺にまいた。

　そして、イノシシとの戦いは、一段落した——と思っていたのだが、戦いは、終わったわけではなかったのだ。

　伊藤さんにラインで返信した。

〈イノシシかもしれません〉

その一週間ほど前、夫は敷地内でイノシシが出没した痕跡を見つけていた。心配していた矢先の幽霊騒動だったのだ。

〈実は、隣家の人ともイノシシの話題になりました。早朝に出没するとのことです。イノシシは、庭石をひっくり返したり、ミミズなどの虫を食べたり、土を掘り起こして球根を食べたりするみたいです。イノシシよけのフェンスは庭に張り巡らせてありますが、穴などないか、次回確認してきます。頭の痛い問題です〉

伊藤さんから返事がある。

〈なるほどです。ゲストに伝えておきますね。イノシシと遭遇してしまったら、ちょっと怖いですよね。よろしくお願い致します〉

そう、イノシシは、幽霊より怖いのだ。

イノシシと戦う日々が、こうしてまた始まった。

私たちは、まず業務スーパーに行った。柵の確認はもちろんだが、とりあえずは唐辛子である。いったいどれほどのキムチを漬けるのか、というほどの唐辛子を買い込み、次の週末、大平台に向かった。

ちょうど少し前に庭の手入れをして、植木をかなり刈り込んだところだった。

その結果、これまで生い茂った木で見えなかったあたりに柵が途切れている部分が見つかった。植木があるから大丈夫と思っていたところだ。そこが、どうやら新しいイノシシの通り道になっているようだった。

応急処置で唐辛子をまいた後、柵の手配をする。

スパと民泊の改装をお願いした藤岡さんにイノシシ対策の柵も頼んでいた。鉄条網という話も出たが、やはり柵が確実だろうという話になる。

箱根町にイノシシ防御柵の助成金制度があることがわかった。全額の補助ではないが、多少でもありがたい。その申請書を出すことにする。

秋は、イノシシ騒ぎとともに過ぎていった。


そして、さらなる事件がおきたのが十一月最後の日曜日だった。

その日、私は講演の仕事で新潟にいた。

新潟県立環境と人間のふれあい館（新潟水俣病資料館）から、二〇一二年に小学館ノンフィクション大賞を受賞した『ユージン・スミス　水俣に捧げた写真家の1100日』のテーマで話してほしいと講演依頼を受けていた。私にとっては、ノンフィクション作家としての新境地を開くことができた、思い入れのある作品だった。

私のほか、熊本県の水俣から水俣病の語り部の方が来て話をすることになっていた。

講演会前夜は、資料館の担当者もまじえて懇親会があった。それを終えて、コンビニでコーヒーを買い、ホテルの部屋に戻ったところで、ヤマグチハウス清掃グループのライン の着信音が鳴った。

午後十時すぎ、翌日に話す内容の復習と使用する写真の確認をして、早めに寝ようと思っていた矢先のことである。

新規の予約が入ると、ウーさんは夜中でも連絡してくる。それだろうと思いつつも、少し嫌な予感がして、スマホを見る。予感は当たっていた。

ウーさんからの緊急連絡だった。

〈お世話になっております。本日のゲストよりトイレが使えないとの連絡きました。明日の対応は可能でしょうか？　また近くに公衆トイレなどはありますか？〉

トイレの故障なんて、究極の緊急事態ではないか。

三分後に夫の返信が入る。

〈大平台駅にトイレがあります。無人駅ですので、使えると思います〉

箱根登山鉄道は、先の台風一九号で被害を受けて復旧していないが、大平台駅は、だいぶ前から無人駅になっていたので、営業していなくても駅の状況はあまり変わりがないはずだった。

しかし、ずっと公衆トイレを使ってもらうわけにもいかない。一刻も早く修理しなければ。

こういう時も、とりあえず連絡するのは藤岡さんだった。

私が一報すると、明日の朝、行ってくれると言う。本当にありがたい。

〈でも、早朝からゲストがくつろいでいるところに行くのもまずいよね〉

〈そうですね。確認してみます〉

藤岡さんとやりとりした後、ウーさんに連絡する。すぐに返事があった。

〈八時に出かけるみたいです。ゲストに確認致します〉

夫が注意事項を伝える。

〈トラブル防止のため、部屋に貴重品はおかないで出かけてください〉

〈承知しました！〉

〈八時以降に入室するということでよろしいでしょうか〉

〈はい、ゲストは入室ＯＫと言われました。よろしくお願い致します〉

新潟と川崎、そして台北と、三カ所を結んでラインがいきかい、ウーさんの第一報から約一時間後、事件はいったん落ち着いた。

だが、その後もラインのやりとりは続いた。

翌朝は、藤岡さんと一緒に夫も行ってくれることになった。

トイレにせめて、つまりを解消するラバーカップがあったら、という話になり、それを準備することになった。

〈お詫びに何かおいておこうと思うけど、何がいい？〉

〈トイレがなおればいいんじゃない？〉

〈何かあったほうがいいよ。ワインはどう？〉

〈フルーツのほうが無難でしょう〉

謝罪のメッセージをつけて、フルーツをおくことに決める。

私はようやく、頭のスイッチをユージン・スミスと水俣に切り替えて、眠りにつくことができたのだった。

ゲストは、デンマーク在住の四人で、二泊の予定だった。

後日、レビューが入った。

〈私たちは滞在を本当に楽しみました。温泉は素晴らしく、大変快適な滞在でした。いい感じに静かな環境でぐっすり眠ることができました。マナミはとても早くメッセージに対応してくれて、トイレに問題があった時には、可能な限り早く修理してくれました。ガイドブックと行き方の案内もとても役に立ちました。ここにもう一度、滞在したいと思います〉

どんなコメントを書かれるかドキドキしたが、トイレが流れないという最悪の事態が発生したにもかかわらず、クレームになるどころか、喜んでくれたなんて本当にありがたい。

Airbnb のサイトでゲストのプロフィールを見てみる。

デンマーク人とばかり思っていたが、オーストラリア人で、職業は微生物学者とある。国境を越えて活躍する専門職という意味で、最初のゲストと共通する。旅が好き、と書かれていたが、好奇心旺盛に旅するマインドの持ち主であることも共通しているのだろう。

ABCチェックインの画面では、四人がにこやかに「ハロー」と手を振っていた。騒動が一件落着した後、あらためて映像を再生し、双方向ではないけれど「ありがとう」と、こちらも思わず、手を振り返した。

トイレが流れない事件は、もちろん私たちの施設の問題だが、原因のひとつが、生理用品や手を拭くペーパータオルをトイレに流していたことらしいとわかった。当日滞在していたゲストによるものではなく、過去のゲストの行動が積み重なった結果だった。だが、これもサニタリーボックスが目立たなかったことと、ペーパータオルを捨てるゴミ箱をおいていなかった私たちに責任はある。

事件後、新潟から帰った私は、ペーパータオル用のゴミ箱と大きめで目立つサニタリーボックスを買い足した。トイレの詰まりを発生させないよう、トイレットペーパーをダブルからシングルに変え、最後に、トイレットペーパー以外のものはトイレに流さないよう、日本語と英語と中国語で張り紙をしたのだった。

非居住型民泊では、清掃とか修理とか、ハードのメンテナンスにおいてのみ、現地で現実の作業が発生する。オーナーの私たちも、部屋の備品やしつらえのチェックで室内に入るが、ゲストがいないタイミングを慎重に見計らう。

チェックインはタブレット上で行われ、私たちは、ABCチェックインシステムから送られてくる映像でのみ、ゲストの顔を見ることができる。

だが、タブレットの操作をしないと鍵があかないわけではないので、入力作業をしてくれないゲストもいる。

タブレットを玄関におくと、チェックインの確率が下がるとのことで、リビングルームの目立つところにおき、しつこいくらいチェックインをするように表示しているが、それでもチェックインをしてくれるとは限らない。

チェックインをしてくれないと、私たちは、予約時の限られた情報しかわからず、顔もわからない。だが、逆にチェックインしてくれれば、パスポートの提示（写真付き証明書であればいいので、日本人であれば免許証でも可能）も求めているので、確実に身元情報を知ることができる。

そのあたりは、日本の一般的な宿泊施設よりもきちんとしている。

ゲストにとって、チェックインの作業は余計な手間なのだろうが、それでも無人で運営する非居住型民泊において、タブレットの画面が唯一のゲストとのリアルなつながりなのである。

そして、ウーさんとのやりとりと、滞在後のレビューが、ゲストからの貴重なフィードバックになる。

オンライン上の連携がうまくいけば、微生物学者の一家がそうだったように、ゲストは宿泊施設の誰とも顔をあわさないのに、そのやりとりからホスピタリティを感じ取り、いい滞在だったと思うことができる。

運営側にとっては、ゲストのレビューが唯一最大の集客ツールでもある。

開業後、約半年を経た一月中旬、レビューの数はひとつの目安と言われた目標の三十まであと一息の二十五になっていた。

ありがたいことに、ゲストの多くから高い評価を頂いているので、運営会社であるホストの「マナミ」は、Airbnb が高い評価のホストに与える称号である「スーパーホスト」になっている。

伊藤さんは言った。

「ヤマグチハウスのおかげで、またスーパーホストになれました」

「あれ、ずっとスーパーホストだったんじゃないんですか？」

「民泊新法以前は、もっとたくさんの物件を運営していたんです。でも、法律に合致していないところが多かったので、だいぶ物件数は減りました。そのせいで、スーパーホストでなかった時期があったんです」

「民泊新法以後、民泊をやめたところは多いんですか」

「たくさんあると思いますよ」

民泊新法によって、それまでのグレーな民泊は一掃され、民泊業界は、新たな時代に入ったのである。一掃された民泊の多くが、少ない投資で経済的な利益が得られることに魅力を感じて参入した人たちだったと伊藤さんは言う。またゲストも、ほかの宿泊施設より安く泊まれることで民泊を選ぶ人が多かった。

初めて伊藤さんと会った時、「儲かればいいだけの民泊」はやりたくないと理想を語った私に大きくうなずいたのは、それだけ「儲かればいいだけの民泊」が多かったからでもあったと、あらためて彼女は言う。

民泊新法施行前後しばしばメディアにとりあげられていた、民泊のゲストが周囲に迷惑をおよぼしているというネガティブキャンペーンのような報道もめっきり目にしなくなっていた。ゲストにとっても必ずしも安く泊まるためだけの手段ではなくなり、運営側も儲かればいいだけの発想でない民泊が増え始めていた。

呼称も「民泊」ではなく、英語の「バケーションレンタル」が使われる例も見られるようになった。そのひとつが、高級ホテルや高級旅館の予約検索サイトである一休の民泊バージョンで、その名も「一休コムバケーションレンタル」である。

自分自身が民泊のオーナーになり、民泊という呼称になれてしまったが、一休コムバケーションレンタルを知って、初めて「民泊」と聞いた時の違和感や戸惑いを思い出した。

ヤマグチハウス アネックスでは畳にカビが生えた事件以後、ゲストに起因するトラブルはほとんどない。ハウスルールが禁煙なのにタバコを吸い、ゴミが散乱していたケースが一組あったが、騒音被害は一度もない。室内の備品がなくなったとか、壊れたとかのトラブルも一切ない。

むしろ、ほとんどのゲストは予想以上に部屋をきれいに使ってくれるし、ハウスルールも守ってくれる。周辺に商店や飲食店が極めて少なく、台風一九号以降は箱根登山鉄道の運休で不便も多いのに、大きなクレームもなく、喜んで滞在してくれるのは、本当に感謝の一言しかない。

そして、二〇一九年十二月の年末を迎えた。

年末年始は一・五倍の料金を設定していたので、予約が入るだろうかと心配したが、十二月三十日から一月二日までの三泊は、ロシア人の二人が予約をしてくれた。

ABCチェックインシステムの映像には、物静かな雰囲気の若いカップルがいた。少しとまどい気味に「ハロー」と手をふる。職業は、ソフトウェアエンジニアとマネージャー。住所は、ウラジオストックとあった。

ウラジオストックといえば、二〇二〇年春から日本航空と全日空が同時に直行便を就航すると話題になっていた。背景には日本人に対するビザの緩和があるらしい。ロシアの航空会社による成田直行便はすでにあり、彼らはそれで来たのかもしれない。

私たちの民泊にとっては、初めて迎えるロシアからのゲストだった。ウラジオストックとの直行便数が増えれば、ロシア人のゲストも増えるかもしれない、と想像をめぐらせた。

年明け後も、一月二日からはシンガポールからのゲストが三泊した。続いてニュージーランドからのゲストが二泊、日本人ゲストが一泊と連続して泊まってくれた。さらに二〇二〇年は春節が一月だったので、その後は中国人ゲストで順調に予約は埋まっていた。

一月中旬には、懸案だった使用済みリネンの回収とクリーニング済みリネンの受け取りを一括して依頼できる清掃業者が見つかり、新たにD社と契約を結んだ。

開業から二〇二〇年一月までの予約を集計すると、利用したゲストの在住国は、日本を除いて全部で十二カ国になった。

こんなにゲストがインターナショナルになったとは、正直、驚いている。

開業から半年、一月までのキャンセルを除く宿泊客は、全部で四十組だった。集計してみると、日本人が意外に多く、国・地域別ではトップの十三組。次いで多いのが中国本土の九組。それ以外は、シンガポール三組、ドイツ三組、オーストラリア二組、アメリカ二組、フランス一組、デンマーク（実はオーストラリア人の微生物学者の一家）一組、スイス一組、台湾一組、香港一組、ロシア一組、ニュージーランド一組、そしてインドネシア一組（実は香港在住のイギリス人）だった。

四十組のうち二十七組が外国人で、全体の六七・五％。日本人のうち二組が、友人知人なので、それを差し引くと、インバウンド比率は七一％になる。

なんとなく七割くらいがインバウンドかな、と思っていたが、おおむね感触通りの数字だったことになる。


なるべく多くの国のゲストに来てもらいたいと、私はひそかに思っていた。

そう思ったのは、海外のホテルを取材するなかで、宿泊施設の経営というものは、ゲストがいろいろな国にばらける方が望ましいことを実感として学んでいたからだった。

成功しているホテルほど、ゲストの国が分散している。特に最近は、その傾向が顕著だった。ひとつの国に偏っていると、その国に何かあった時、致命的なダメージを受けるが、いろいろな国のゲストが来ていれば、リスクも分散できる。

たとえば、日韓関係が冷え込んだ二〇一九年、九州のインバウンドが大打撃だったのは、ほとんどを韓国人観光客に依存していたからにほかならない。

日本人だけに特化してインバウンドを取り込まないのも、ひとつの国に偏るのと同じリスクだ。実は、スパのゲストは、ほぼ一〇〇％が日本人で、富裕層が中心だった。台風後、スパの予約はめっきり落ち込んで、民泊と好対照になっていた。

とはいえ、ゲストの客層がさまざまな国にばらけるよう、何か具体的なことをしたわけではない。

唯一やや意図的と言えるのは、リスティングの文章をあえて日本語と英語にして、特定の国のゲストに向けてアピールしなかったことくらいだろうか。だが、ゲストとのやりとりは、ウーさんがいるので、日本語、英語、中国語で対応しているし、ハウスガイドも同じく日本語、英語、中国語で用意している。

結果、中国人の比率は日本人に次いで多いが、そのほかの国がこれほど多岐にわたった理由はわからない。

たった一軒の小さな民泊の、わずか半年間の営業成績なんて、たまたまの集積に違いない。しかし、たとえそうであったとしても、十を超える国の人たちが、ヤマグチハウス アネックスに宿泊してくれて、滞在を楽しんでくれたことは、この上ない喜びだった。

一八七八(明治一一)年、外国人相手に創業した富士屋ホテルが、まだ名門でも老舗でもなかった頃、山の中でパンや肉を調達するのに苦労し、手探りで外国人をもてなした創業者の気持ちに、ほんの少しだけ寄り添えた気がした、といったら大げさだろうか。

はっきり言えるのは、外国人観光客を迎え入れることが大きな意味を持つ時代が、また箱根にめぐってきたということだった。

そして、私たちは決心した。

もう一軒、民泊を始めようか。

背中を後押しされたひとつが、民泊を運営する隣家の会社が物件を売りに出したところ、すぐに買い手がついたことだった。

高齢化が著しい箱根にあって、さらに際立って高齢化の高い大平台では、この数十年、地価も下がる一方だった。不動産がすぐに買い手がつくなんて、あり得ない。でも、民泊物件だけは別なのだということを実感した。

秋の終わり、保健所の立ち入り検査があった。その時に聞いた情報だと、箱根地区には、約四十軒の民泊があるとのことだった。大平台には、うちを入れて四、五軒ある。全物件の一割強になる。旅館やホテルの客室数ではお話にならないほど少ない大平台だが、民泊においては健闘していることになる。

もっとも、大平台をめぐる状況は順風満帆というわけでもない。

台風一九号の打撃に続き、箱根登山鉄道の運休に匹敵するほどの大事件があった。

三軒しかない飲食店のひとつ、私たちもよく利用していたラーメン屋「大平亭」のご主人が病気で亡くなってしまったのだ。ずっと休業していて再開の見込みがない。

「大平亭」の休業は、私たちはもちろん、継母の順子や藤岡さんにとっても、言葉を失うほどのショックだった。

民泊のレビューでも、周辺に飲食店がないことを時々指摘される。ゲストが、どれだけ「大平亭」を利用しているかわからないが、三軒しかない飲食店が二軒になるのが打撃であることは間違いない。

それでも、幸いゲストは泊まりに来てくれる。今後、私たちの民泊が二軒になることで、新しい可能性を模索できるかもしれない。

二軒目の物件は、母屋の一部としてつながっている二間の日本間である。

母屋は昭和五年の竣工だが、この部分は、戦後の昭和二十年代に増築されたものだ。富士屋ホテルの経営者だった祖父堅吉は、外国人ゲストをもてなす空間として建て増したらしい。当時、富士屋ホテルは、GHQによる接収ホテルだったが、堅吉とGHQの将校たちはなぜかとても友好的な関係だったと聞く。そうした時代背景から生まれた増築部分を私たちは、長らく「日本間」と呼んでいた。

もともと母屋の洋館は、家族の生活スペースとして建てたものであり、お客をもてなすことを前提としていない。そのせいだろうか。わが家に外国人ゲストを迎えた写真は、そのほとんどがこの日本間の室内か外観を背景にして撮られている。

まさに外国人をもてなすゲストハウスとしての出自を持つ日本家屋だった。

離れのヤマグチハウス アネックスが、かわいらしい昭和のおうちだとするなら、茶室としても使われていたこちらは、より正統派の和の空間である。

もう少し高級路線を狙えるかもしれない。

ヤマグチハウス清掃グループのラインの着信音が鳴るたびにドキリとし、なぜこんな大変なことを始めたのだろうと後悔することもあるけれど、それでも、新しい民泊の計画を考え始めると、さまざまなプランが湧き上がり、わくわくしている自分がいた。

第九章　リモートホスピタリティ

二〇二〇年一月上旬から中国の武漢であやしい肺炎が流行っているというニュースが報じられていたが、その頃、多くの日本人は、たいした関心を寄せていなかった。

一月二十三日、武漢が事実上のロックダウンとなり、医療崩壊の様子が報じられ、専門病院が突貫工事で建設される様子が報じられても、まだ対岸の火事といった感じだった。

一月下旬、ヤマグチハウス アネックスには、上海からきた中国人家族が宿泊していた。二〇二〇年の春節は一月二十五日。二十四日から三十日までが春節の連休だった。

夜遅く、ヤマグチハウス清掃グループのラインにウーさんの緊急連絡が入った。

〈近くにお墓があるということでクレームきました〉

隣がお寺で、お墓があることは、以前から気になっていたが、ついに指摘されたか、と思う。

すぐに伊藤さんと相談した。これまで、お墓のことにはふれないできたが、リスティングにきちんと説明したほうがいいのでは、という結論になった。

本文にはこの一文を足した。

「ヤマグチハウス アネックスは、禅宗の一派である曹洞宗の林泉寺に隣接しています」

そして特記事項として次の文章を添える。

「林泉寺は、日本の伝統に従い敷地内に小さな墓地があり、民泊に向かう途中で墓地が視界に入ります。それを不快に感じる方は、墓地を通らないアクセスをご案内致します」

このように説明すれば、あまりネガティブな感じにはならない。

上海からの家族もお墓にクレームをしたのは、予約をした夫婦の母親だったとわかる。お墓を通らずに行けるアクセス方法を案内したら安心してもらえたようで、ほっとした。幸い若夫婦はあまり気にしていないようだった。


結果的に、中国人ゲストの滞在はこれが最後になった。

まもなくして、お墓のクレームのやりとりがどれだけ平和で小さな話だったかと思うほど、未知のウィルスは深刻な影響を及ぼすことになる。

事態が急展開するのは、新型コロナウィルスの流行を受けて一月二十七日に中国からの団体旅行が全面禁止になってからだ。

ヤマグチハウス アネックスにもキャンセルが入り始める。

まず、春節の連休直後、一月三十一日から一泊で滞在予定だった中国人の予約がキャンセルになった。

彼らがチェックインする予定だったその日、台湾のホテルに勤める日本人の知人と銀座で食事をした。当時、まだ銀座はたくさんの中国人観光客で賑わっていた。

その時、知人がマスクを大量に購入した話をしたことをよく覚えている。台湾は、新型コロナ対策が早かったからこその備えだったのかもしれない。その夜、不安になってネットでマスクを検索すると、すでに品薄で、値段が高騰していた。

非常事態がひたひたと迫っていたのである。


そして二月になった。

残念だったのは、ウーさんの友人の予約がキャンセルになったことだ。

二月二十二日から二泊の予定で、私たちも楽しみに待っていた。まだ台湾から海外への渡航が禁止になる以前だったが、人の集まる空港に行くのは怖いからとのことだった。

新型コロナを理由にしたキャンセルは、台風の時と同じく、不可抗力ということで、宿泊料金は全額払い戻した。

後に Airbnb でキャンセルポリシーの変更が打ち出されたけれど、私たちは、早くから自主的に返金していた。もちろん痛手ではあったが、こうした対応も、私たちなりのホスピタリティのかたちと考えていた。そして〈新型コロナが収まったら、また来てくださいね〉とメッセージを送ることを忘れなかった。

どこまで影響が拡大するかと心配したが、もともと二月の予約が四組と少なかったこともあって、新型コロナ関連のキャンセルは、二組にとどまった。

横浜に停泊していたダイヤモンド・プリンセス号の感染者が二百人をこえたと報道があり、二月は開店休業とあきらめていた二月十四日、思いがけず新規予約が入った。二月の三連休の後半、二十三日からの一泊、日本人のゲストだった。

その後も、新型コロナの猛威は収まるどころか、感染者は増え続けていたのに、ヤマグチハウス アネックスには再び予約が入り始めた。

十五日には、直前予約で、十七日から二泊でアメリカ人二人の予約が入った。

十七日には、二十二日から一泊で二人、初めて迎える韓国人ゲストだった。

さらにゴールデンウィークの問い合わせも入り、慌てて繁忙期料金を設定する。

中国人のゲストはいなくなったが、日本人の比率が上がり、欧米系のゲストが増えていた。初めて迎えるアイルランドからのゲストの予約もあった。

まだ、新型コロナウィルスは中国で流行している病気と思われていた。

だから、私も五月にヨーロッパに行く計画を立てていた。プライベートの旅と取材を兼ねた三週間あまりの日程だった。北欧でホテルの取材をし、イギリスで友人と会い、別の友人とポルトガルで合流する。その旅の手配をしていたのも二月だった。


二月二十五日、もう一軒の民泊を開業すべく、工事が始まった。

一度は、藤岡さんに無理だと言われた改装だった。

母屋の増築部分である日本間には、トイレはあるけれど、お風呂はない。さらにキッチンもなかった。生活空間として設計された離れと違って、母屋に続く客間という位置づけだったからだ。どこかにお風呂とキッチンをつけなければならない。

幸い、母屋のお風呂が、ちょうど日本間の裏手に位置していた。

長く使っていないが、露天風呂もあり、もちろん大平台温泉が引いてある。

「押し入れをぶち抜けば、動線がとれると思う」

長いこと検討した末、藤岡さんは言った。

「それでキッチンは押し入れのスペースに造る。ミニキッチンになるけどね。これが唯一の方法だと思うよ」

キッチンの奥のドアを開けると、目の前にあるのは露天風呂で、そこから風呂場に入り、その先が脱衣所という、いささか不思議な間取りになってしまう。しかし、それしか方法はないと言う。

私は、正直迷っていたが、今回もまた夫が乗り気だった。

「大丈夫だよ。やろうよ」

言われているうちに、悪くないかと思うようになった。

逡巡を重ねながらも決心したプロジェクトだ。もう後には戻れない。

新型コロナの影響で、中国から資材が入らなくなり始めていた。

それでも、藤岡さんは、入手困難になってきた洗浄機付きトイレなど、必要なものは事前にちゃんと確保してくれていた。

着工してまもなく、二月中旬に入ったアメリカ人の予約がキャンセルになった。新型コロナが理由というわけではなかったが、三月に入ると、もうひと組、アメリカ人の予約がキャンセルになった。

三月になると、いよいよマスクが手に入らなくなり、消毒液も店頭から消えた。日本全体にも自粛の波が広がるなか、三月五日から三泊でオーストラリア人ゲストが宿泊してくれた。結果的に、これがコロナ禍で日本が国境を閉ざす前、最後の外国人ゲストの宿泊となった。

その翌週、トランプ大統領が欧州からの入国制限をかけると、アイルランド人ゲストの予約が取り消された。

イタリアで始まった感染拡大の波は、欧州全体を包み込み、フランス、スペイン、イギリスでも感染者数が増えていた。その波は北米大陸にも急速に波及していった。新型コロナは、世界的な問題になろうとしていた。

五月のヨーロッパ行きにも暗雲が立ちこめてきた。

三月下旬、ポルトガルで合流する予定だった友人と延期を決めた。イギリスの友人は事情を説明するまでもなく状況を察していた。取材予定だった北欧のホテルにも、またきっと行きますから、と延期のかたちでキャンセルを入れる。

航空券は、フライト自体のキャンセルを待つことにした。航空会社によるフライトキャンセルであれば、全額返金されるとアドバイスされたからだ。ストックホルムからヘルシンキに移動する客船「シリヤライン」は、何となく胸騒ぎがして料金が若干高い全額返金プランにしていたので問題はなかった。

新型コロナを巡る情勢は、刻一刻と悪い方に傾いていった。

この頃、私はアメリカのジョンズ・ホプキンス大学の新型コロナウィルス特設ウェブサイトを見ては、毎日、世界の感染者数、死亡者数をチェックしていた。

ウェブ上の世界地図が、感染者の数を示す赤い丸でみるみる埋め尽くされてゆく。

当初、中国大陸だけだった大きな赤い丸が、世界各地に飛び火していた。

それでも、日本人客の予約は、まだキャンセルがなく、私たちの民泊はかろうじて踏みとどまっていた。

その状況に一安心しながら、ふと思う。

もしかして、非居住型民泊は、感染症リスクに強いのかもしれない。

予約からチェックインまですべてオンラインで、誰とも接触しない。

ウーさんとゲストが会うこともなく、私たちとゲストが会うこともなく、チェックインもタブレット上で行われる。そもそも私たちと担当者のウーさんさえ、会ったこともないのだから、まさに、究極のリモートである。

たとえば、首都圏の日本人ゲストであれば、車でここまで来れば、誰にも会わずに、自分たちだけで温泉を楽しむことができる。

非居住型民泊ほど、三密と無縁の宿泊施設もないかもしれない。

誰とも対面しないというスタイルに、だからこその安心があったとは。新型コロナの騒動がなければ気づかなかった民泊の可能性だった。

インバウンドの消滅に、各地の観光地に閑古鳥が鳴く様子が報道されていた。インバウンドの隆盛と共に成長した民泊も、「終わった」と認識されることが多かった。都市部のマンションなどを利用した格安の民泊は廃業するところが相次いだ。

グレーシスの伊藤さんも、賃貸で所有していた民泊物件を手放したという。インバウンドの需要が大きい地域では、賃貸料を払っても民泊として運営すれば利益が上がるので、運営代行業者が斡旋する賃貸物件で民泊に参入するオーナーも多かった。伊藤さんも自身でそうした物件を持っていたのだ。

一方で、一軒家タイプで管理のきちんとした民泊は、予約が埋まっているという噂も聞くようになった。

ヤマグチハウス アネックスも一軒家だ。

所有物件だから家賃を払う必要もなく、幸い改装費の借り入れもない。

しかも、従業員を雇用していない。予約が入った時だけゲストが利用し、その都度、清掃業者を依頼する。運営代行の費用も売上げの二〇%という契約なので、売上げがなければ発生しない。月額の固定費としてかかるのはスマートロックやチェックインシステムの利用費が数千円と、スパでも利用している温泉の費用が一万円ちょっとくらいだ。

私たちは焦らずに、新型コロナの時代に対応していこうと決心した。

売り切れの続くアルコール消毒液は入手したら、自宅より優先して民泊に置く。

除菌ハンドソープも同じく、民泊を最優先する。

徹底して「接触しない」非居住型民泊のあり方に私は希望を感じていた。

そして、このタイミングで、料金を少し下げて攻めに転ずることにした。

台風一九号の直後と同じ五千円引きにしよう。

ただし、今回は、ただ料金を安くするだけでなく、リスティングの文章を書き足して、温泉付き一軒家の民泊ならではの安心感を強調することにした。

WiFi完備でデスクもある、テレワークに向いている環境についても書き加える。さらに連泊割引も導入した。

三月の三連休は、日本各地の観光地や繁華街に多くの人が繰り出した。

箱根も例外ではなく、五月の連休並みの渋滞となった。

直後から感染者が増大し始める。

四月初旬、小池百合子東京都知事の記者会見で「ロックダウン」という言葉が発せられると、世の中の雰囲気は一変した。感染者が急増する欧米の都市では、強制的な都市封鎖、すなわちロックダウンが実施されていた。日本も同じ状況になるのでは、という不安が一気に広まったのだ。

緊急事態宣言の発令は四月七日だったが、宿泊業界の人たちは、予約がキャンセルに一転した節目は、この記者会見だったと口を揃える。

ちょうどその頃、ヤマグチハウス アネックスに一ヶ月の長期利用の問い合わせが入った。

コロナ特別割引の一万五千円から、さらに五千円割引の一泊一万円にならないか、という打診だった。

日本全国、あらゆる宿泊施設でほとんどの予約が消滅し、先行きが全く見えなかった時期のことである。

四月十五日からの一ヶ月だ。途中にゴールデンウィークをはさむが、問い合わせのあった三十分前にゴールデンウィークの予約はキャンセルになったばかりだった。

もちろん一万円でもいいと返事をする。

とはいえ、こうした長期利用は初めてのことで、一ヶ月、全く部屋の様子がわからないのはゲストの安全面でも心配だった。タオルやリネンはどうするのかという衛生面での問題もある。民泊では通常、連泊の場合、途中の清掃は入らない。そもそもAirbnbでは清掃料金は宿泊料金とは別なので、追加の清掃はゲストの負担になるのだが、こちらとしては、状況を確認するためにも途中で何度か清掃を入れたかった。

人数の確認とあわせて、清掃のことを確認する。

すると、とりあえず一泊だけお試しで泊まるとのことだったが、それが直前にキャンセルになると、そのまま連絡がこなくなった。

清掃のリクエストを嫌がられたのか、ほかにもっと条件のいいところが見つかったのかはわからない。ご縁がなかったと諦めるしかなかった。

私は、小池都知事の記者会見の直後から沖縄、宮古島の取材に行っていた。

この先、取材がままならない状況になることを見越した、ホテル業界誌の仕事だった。

案の定、私の滞在中、宮古島市長から来島自粛要請が出された。

政府の緊急事態宣言発令の前日のことだ。

翌日、東京に戻るフライトは出発時間が早まった。羽田空港の発着時間制限なのか、事情はよくわからないが、日本全体が緊急事態に突入したということなのだろう。

到着した羽田空港は、がらんとして人影もなく、フライトを表示する掲示板には「欠航」の赤い文字が並んでいた。

迎えに来た夫が言う。

「明日から在宅勤務だよ」

緊急事態宣言下、外出自粛、ステイホームの非日常な日常が始まった。


それでも、二軒目の民泊の工事は順調に進んでいた。

引き渡し日は四月十五日で、その週末、久しぶりに箱根に行った。

押し入れをぶち抜いたキッチンは、予想以上に上手く収まっていた。それ以上にいい感じに仕上がっていたのは、露天風呂だった。

風呂場への動線にある露天風呂は、使うかどうかも躊躇っていた。

ところが、通路となる板張りのデッキが出来上がると、とてもすてきな露天風呂になった。

押し入れの奥にキッチン部分を少し改修しているので、やや圧迫感はあるが、デッキに腰掛けて足湯にしてもいい。入ってしまえば気にならない。

二十年余り前に父祐司が、自分たちで楽しむために造った露天風呂。清掃が大変なこともあって、長らく放置していたが、民泊計画でよみがえった。

週末ごとに箱根に通い、再び開業準備が始まった。

キッチンには冷蔵庫を入れた後、隙間家具を発注する。なんとも中途半端なサイズで、ぴったりあうものがなかなか見つからない。さらに中国製品は、入荷遅れが続いている。週末だけ箱根に来る私たちと、納入日をあわせるのも大変だった。

二間ある日本間のうち、庭に面した十畳間はベッドルームにする。今回は、少し高級路線にしようと、セミダブルベッドを二台発注した。

床の間には、「かぶき盆栽」と呼ぶアート盆栽を置いた。緑や花を何か飾りたい、でも、人が常駐していないのだから、メンテナンスが楽なものと探していた時、たまたま東京のラグジュアリーホテルで出会った。一目惚れして、ホテルのスタッフに聞くと、銀座に店を構える盆栽専門店が扱っているという。ひとつひとつ、アーティストが手造りする一品ものだった。箱根で民泊を計画していると話すと、私が持参した写真にあわせて社長自ら選んでくれた。今回の民泊で、一番こだわった調度品である。

ネーミングは「ヴィラ大平荘」に決める。

スパと一軒目の民泊に続き「ヤマグチハウス」の名称を使いたかったのだが、紛らわしいとの意見で止めた。ただでさえスパと民泊を混同するゲストが多かったからだ。

「大平荘」とは、もともと祖父がこの家を竣工した時、命名したものだ。当時、富士屋ホテルに出入りしていた芸術家が彫ったという表札が門にあった。スパを開業する時、藤岡さんが補

父が家族用に造った露天風呂もよみがえった

修してくれた表札が、五年たって日の目を見ることになった。

一方、ヤマグチハウス アネックスの予約は、四月十一日から一泊の日本人ゲストがひと組だけ、ゴールデンウィークの予約もキャンセルになったままだった。

こちらも何か方法を考えなければならない。

インバウンド需要が消滅した今、日本人をターゲットにするしかない。

思いついたのが、バーベキューだった。

外出自粛、ステイホームのゴールデンウィークを前に、各地のキャンプ場も閉鎖されていた。川崎の自宅に近い多摩川河川敷でもバーベキューが禁止になっている。そうした状況のなか、道ばたでゲリラ的にバーベキューをする人が報道されたりしていた。

自分たちだけで過ごせる一軒家の庭でバーベキューができたら、ニーズがあるのではないかと考えたのだ。

夫に話すと「火の始末はどうするんだよ」と言われた。

確かに、管理者のいない民泊で、炭を扱うのは危険かもしれない。

しかし、コロナ禍で日本人客を誘致するにはバーベキューしかない。私はそう信じていた。

「電気のバーベキューコンロだったらいいんじゃない？」

検索すると、ロゴスというキャンピング用品メーカーで、いい感じの電気式バーベキューコンロが見つかった。雨の日は屋外で使えないといった注意事項は、黄色のテプラテープに印刷して貼り付けた。

早速、箱根に運び込み、実際に使ってみて写真を撮った。それをAirbnbのリスティングに掲載する。

するとどうだろう、てきめんに反応があった。

やっぱり日本人は、バーベキューがしたかったのだ。

感染拡大と共にキャンセルになっていたゴールデンウィークに新たな予約が入った。

五月二日からの三泊、夫婦に子ども二人の四人家族だった。

自粛ムードのなか、遠慮がちにバーベキューしたいと伝えてきた。

箱根も営業自粛するホテルや旅館が多かった。だが、法的な規制があるわけではない。充分に注意したうえで、ひとときのリフレッシュをしてもらえれば本望だと思った。


バーベキューの導入は、あきらかにひとつの転機となった。

ゴールデンウィーク後も緊急事態宣言と県外移動の自粛は続いていたが、バーベキュー希望の日本人ゲストの予約が増え始めた。

忘れられないゲストの予約が入ったのはその頃のことだ。

ウーさんからラインが入った。

「2名↓プロポーズ予定、近くにオススメのケーキ屋さんありますか?」

ええっ、プロポーズ?

まさかのニーズに驚いた。

でも、人生の一大事の場所に選んでくれるなんて、こんなうれしいことはない。最大限、期待に応えなければと思った。

だが、問題は近くにケーキ屋さんがないことだった。

当然ながら、大平台にはない。車で五分ほど離れた宮ノ下には富士屋ホテルがあり、ベーカリーがあるが、耐震改修工事で休業中だった。

箱根湯本や小田原の店を紹介したが、大平台からは少し遠い。

どうしようと思った末に小田原の知人に相談すると、オーガニックのケーキを宅配してくれるところが見つかった。写真を送ってもらうと、果物でバラの花をかたどったケーキでとてもかわいい。プロポーズにぴったりではないか。

ウーさんがゲストからのメッセージを送ってきた。

〈彼が生クリーム食べられないので、チョコレートケーキでご用意してくれると大変助かりますが〉

問い合わせると、生チョコと豆腐のケーキにエディブルフラワーを飾ったものがあるという。お花がいっぱいというコンセプトは同じである。

写真を送って説明すると、生チョコと豆腐のケーキを注文したいという。

次は宅配時間の調整だった。

宅配ケーキ屋さんに問い合わせると、あまり遅くならない時間がいいという。通常より一時間早めの午後三時にアーリーチェックインできるようにして、ゲストに確認すると、その時間にあわせてチェックインすると返事があった。

チェックインの日にあわせて、私も待機することにした。万が一にも、トラブルがあるといけないと思ったからだ。

私の携帯番号も伝えておいたところ、少し早めに到着したケーキ屋さんから民泊の場所がわからないと連絡があった。

私が民泊の前まで誘導し、到着するゲストを待ってもらうことにした。

母屋に戻る途中、バス停で地図を確認している若いカップルを見かけた。男性は欧米系の外国人のようだった。プロポーズのゲストは、彼らだったのかもしれない。

まもなく、無事チェックインし、ケーキを受け取ったとウーさんから連絡が入った。

プロポーズは上手くいっただろうか。


非居住型民泊でも、ゲストとのやりとりを通じてホスピタリティは提供できると思っていたけれど、あらためてそれを実感したのがこのプロポーズ大作戦だった。

ケーキの手配をしながら、私は思った。

これって、ホテルのコンシェルジュの仕事ではないか。

新型コロナと共存せざるをえない状況のなか、私の仕事にも変化が生じていた。

ホテル業界誌の連載コラムには、毎号コロナ関連の話を書いていた。

海外取材ができなくなったかわりに、宿泊産業はコロナ禍をどう生きるかといった内容の短期集中連載を始めていた。

対面ではなくスマホアプリなどで対応する、いわゆる「Eコンシェルジュ」が、新しい生活様式のサービスのかたちとして台頭してきている話を書いたばかりだった。

期せずして、その実践を自分がやっていることに気づく。

ゲストと直接、顔をあわせることがなくても、ホスピタリティを体現できることは、微生物学者一家が宿泊し、トイレが詰まった時に実感したことでもあった。ホスピタリティとはリアルで顔をあわせてこそ発揮されるものと思い込んできたが、必ずしもそうではない。プロポーズ大作戦は、それを確信に変えた出来事だった。

私たちは、家主非居住型の民泊なので、ホスピタリティは必然的にリモートで示すしかないが、スマホアプリなどを使ったサービスのスタイルは、通常のホテルであっても、対面サービスと併用して取り入れられている。それを実体験したのは、GoToトラベルを利用して宿泊したザ・ペニンシュラ東京でのことだった。

ザ・ペニンシュラホテルズでは「Pen Chat（ペンチャット）」と呼ぶEコンシェルジュサービスが導入されている。チェックインするとテーブルの上にQRコードと共に案内がおいてあった。興味があったので早速、読み取ってみた。

行き届いたホスピタリティで、なかなか使う機会がなかったのだが、チェックアウト直前、スイミングプールで泳いで部屋に戻った後に、借りたスイミングキャップを返し忘れたことに気がついた。Pen Chatにメッセージを送ると、すぐにレスポンスがあった。

電話で係につないでもらうよりずっと早いし、着替えたり、荷物をまとめたりしながらでもスマホアプリの方がやりとりもしやすい。私のメッセージは、すぐにスパとプールの担当者に伝えられ、十分ほどでスイミングキャップを受け取りに来てくれた。

ザ・ペニンシュラ東京のEコンシェルジュは、コロナ禍とは関係なく始まったものだという。

だが、その迅速性とシームレスにサービスが行われる便利さは、非接触が求められるコロナ禍が終わっても支持されていくだろう。

非居住型民泊ならではのホスピタリティのかたちは、最先端のホスピタリティのかたちでもあるのだ。


「ヴィラ大平荘」の開業準備も順調に進んでいた。

六月十三日、グレーシスの伊藤さんに現地確認のため、箱根に来てもらう。ヤマグチハウス アネックスの開業準備のために箱根に来てもらったのも、去年の六月のことだったと思い出す。あれから一年。あっと言う間のようであり、遠い昔のようでもある。

一年前と違うのは、マスクをして打ち合わせをしていることと、私たちが民泊の運営にだいぶ慣れたということだった。

「お風呂場に行く時に使うように、浴衣があるといいかもしれません」との助言をもらう。検討したが、浴衣はサイズが難しく、バスローブを買うことにした。

クリーニング代がかさむが、高級路線ということで仕方ないだろう。

新しい清掃業者、D社のSさんも伊藤さんと顔合わせをした。

クリーニング店とのやりとりをまとめて任せられることから変えた経緯があった。D社になってから、リネンだけでなくタオルもすべてクリーニングに出していた。

新型コロナの問題が出てきてから、特に注意を払っているのが清掃である。

Airbnb に新しい清掃基準が出来たことを知り、それにのっとって掃除をしていることを証明する用紙にD社のサインを入れて部屋におくことを決める。

これまで午後四時だったチェックイン時間も午後三時で可能とのことで、離れのヤマグチハウス アネックスもあわせ、変更することにした。

リスティングの文章と写真は私が担当し、ハウスガイドだけ伊藤さんに依頼するのも前回と同じということで確認する。

それらの準備が出来次第、七月初旬に開業と決めた。

すべて一年前とほぼ同じスケジュールである。

宿泊料金は、離れより少しあげて二万五千円に決めた。定員は二名。ベッドで添い寝のできる幼児であれば受け入れることにした。ただし、七月の連休までは開業したばかりということで、割引料金として二万円に設定する。


箱根での打ち合わせの翌週、ヤマグチハウス アネックスにまた長期利用の予約問い合わせが入った。六月二十五日から七月九日までの二週間だった。

ゲストはシンガポール在住のシンガポール人、日本到着後の自主隔離先として、わが家を選んだのだろうか。それより私たちが戸惑ったのは、大人二名に犬を連れての滞在ということだった。犬の大きさをたずねると、十四キロのフレンチブルドッグだという。

プロポーズの次は、フレンチブルドッグか。

もともとヤマグチハウス アネックスはペット禁止にしている。

だが、コロナ禍で予約状況がかんばしくないなか、二週間の長期利用は魅力だった。

私たちは伊藤さんと相談の結果、いくつかの条件をあげた。

「ベッドには乗せないこと、匂いや破損が生じた場合は追加チャージすること、外につれて出たら、入室前に体を洗うこと、ワンちゃん用の食器やトイレシートは持参すること」

今回も途中清掃はこちらからリクエストすることにした。

ただし、料金は半額にして、半額はこちらが負担しよう。

そして料金交渉が始まった。

相手の希望金額は総額二十万円だった。

取材旅行中、ライン上でいきなり始まった料金交渉に慌てながら、相談してきた夫に、私は〈清掃費用ぶん一万円上乗せしたら〉と返した。

結果、その一万円が仇となり、ゲストはほかのところを予約してしまった。

長期利用をまたしても逃したことになる。今後は、長期については、もう少し割り切って考えるべきかと反省する。


フレンチブルドッグ事件の後は、ヴィラ大平荘の開業だった。

ヤマグチハウス アネックスに何度か泊まってもらい、気に入ってくれた夫の友人に試泊してもらうことにした。アドバイスに従って、最終調整をする。

夫の友人には電車好きの子どもがいて、箱根登山鉄道に夢中だったとの報告を受ける。大平台駅で待ち構えていて手をふると、ライトを点滅して返事をしてくれるのだという。こんなに反応してくれる鉄道は滅多にないとのことだった。

台風一九号で被災した箱根登山鉄道は、当初の秋開通予定を前倒し、七月二十三日の全線運転再開をめざして試運転が始まっていた。

新型コロナの感染はいまだ収まらないが、箱根は再始動だ。

大平台駅の真ん前という民泊のロケーションが、再びアピールできる。

開業は七月初旬のつもりでいたが、六月下旬、リスティングの文章と写真を送ったところで、一足早くAirbnbにアップされた。

すると六月二十九日、早速予約の問い合わせが入った。

七月三日から四日が外国人二名、四日から五日が日本人二名だった。

ガイドブックが間に合わない。

夫が三日のチェックイン前に届けることにしたが、郵送や宅配便だとぎりぎりなので、私が都内で伊藤さんから直接受け取ることにした。

ヴィラ大平荘は、ヤマグチハウス アネックスよりも日本情緒が濃厚で、よりインバウンド向けだ。新型コロナで九九％が消滅したとされるインバウンド需要だが、在住者なのか、外国人の問い合わせが少なくない。

ヤマグチハウス アネックスの時と異なり、慌ただしさの中で感慨にふけることもなく過ぎ去った開業だった。

まもなくしてGoToトラベルキャンペーンが始まった。

制度が整わない中での見切り発車。状況は混乱し、全国の旅行代理店や宿泊施設が右往左往

2軒目「ヴィラ大平荘」開業！

した。私たちも時流に乗り遅れまいと必死に情報のアンテナを立てた。

だが、私たちの民泊はAirbnbとBooking.comでしか予約を受けていない。楽天や一休といった日本の予約サイトはいち早く対応したが、こうした外資系のサイトは初動が遅かった。彼らがGoToを導入しなければ、私たちの民泊に割引は適用されない。

楽天やじゃらんに掲載できないのは、旅館業法による許認可を受けた施設しか載せてもらえないからだ。民泊新法に基づく私たちは対象ではない。同じ民泊でも旅館業法の範疇である簡易宿泊所としての登録であれば掲載される。

ようやくAirbnbから、GoToに参加したい施設は各自対応するようにと連絡があり、まずは対象施設としての申請をすることにした。

まだ東京都はGoToから除外されていたが、神奈川県にある私たちの施設は、東京都以外のゲストであれば割引対象だ。態勢が整わないことにやきもきしたが、それでも夏休みに入り、予約問い合わせは少なからずあった。


GoToの適用は、九月下旬、Booking.comから始まった。

ある日、検索してみたら、割引料金が表示されることで気づいた。

もともと私たちの民泊は、圧倒的にAirbnbからの予約が多い。だが、Booking.comが先に適用になった以上、今後はこちらが多くなるだろう。Airbnbで予約をしたゲストにもBooking.com経由であれば割引適用になると案内することに決める。十月一日からGoToの対象に東京都も含まれるようになり、予約は確実に増えていた。

Booking.comの予約が急激に増え始めたことで、私たちは、あらためてそのリスティングを見直してみた。すると、日本語サイトの日本語がどうにも気になった。

もともと、Booking.comでは、英語はこちらが送った文章をそのまま掲載してくれるのに、なぜか日本語の文章はその通りに掲載してくれなかった。そのため、二軒目のヴィラ大平荘では、なかば諦めて英語しか送らなかったのだが、その結果、さらにおかしな日本語になってしまった。指摘しても、あきらかに間違った表記以外は訂正してくれない。

業を煮やして私たちは伊藤さんに理由を問いただしてもらった。

すると、英語以外の言語は、すべてのサイトを一律、ＡＩで翻訳していることがわかった。世界統一のルールなので、私たちがいくら声をあげても例外を認めてくれないのだ。サイトの利用者が多いとＡＩも賢くなるのか、文章もだんだんとまともになっていく。大規模な宿泊施設の日本語が比較的まともである理由もようやくわかった。私たちのような小さな民泊はどうにも不利なのだ。

ＡＩと言われて、理解に苦しむ間違いの理由もわかった。

実は、私たちの民泊は二軒とも最寄り空港が、大島空港になっていたのだ。伊豆諸島の伊豆大島だ。

いくらなんでも、これはないだろう。船でアクセスしろと言うのか。

ところが、調べてみると、ほかにも箱根の物件は最寄り空港が大島空港のところが少なからずある。ＡＩが自動的に箱根と伊豆大島を最短と計算するのだろう。ＡＩには、まだ陸と海の区別がつかないらしい。

Booking.com に予約がシフトしたことで、もうひとつ困ったことがおきた。Airbnb の予約はいったん問い合わせとして受け、清掃などの手配が完了してから正式に予約を成立させる。ところが、Booking.com では、こうしたシステムがないので、そのまま予約が成立してしまうのだ。

十月初旬、D社がどうにも清掃ができない日程に予約が入ってしまった。困った。どうしよう。

連絡が入った時、私はちょうど西表島の取材中で、石垣島行きの船に乗る直前だった。以前、アネックスを開業する時、ピンポイントでお願いしたY社という清掃業者があったことを思い出す。早速、西表島から電話をした。日程は大丈夫とのこと。スポットの清掃はどうしても高めになるが、料金も折り合いがついた。

最終決定の連絡は、西表島からの船が到着した石垣島の離島ターミナルで電話した。

その後、十一月になってまた同様の事件がおきた。今度は予約が直前で、Y社も日程のやりくりがつかないという。いよいよ困って伊藤さんにSOSを出し、急遽、第三の業者にお願いすることにした。

そして、私たちは考えた。しょっちゅうこんなことになっては大変だ。

伊藤さんに相談すると、予約が入った日の前後をブロックして余裕をもたせるか、直前の予約は入れられないようにするのが一般的だという。そこで、宿泊日の三日前から予約をブロックすることにした。多少は予約の取り逃しがあるかもしれないが、直前予約で何度もひやひやさせられてきたので、これでひと安心である。

十月から十一月にかけて、清掃のやりくりがつかない事件が頻発したのも、予約が激増したからだった。あきらかにGoToトラベルの経済効果である。だが、伊藤さん曰く、GoToがあっても、予約の入る民泊とそうでない民泊はあるという。

そう言われて、あらためて予約内容を見直して驚いたことがあった。

今年開業したヴィラ大平荘の予約数の方が多いのだ。十月はヴィラ大平荘が十組、アネックスが六組。十一月に至っては、ヴィラ大平荘が十一組、アネックスが五組だ。

正直、夫が母屋の日本間を民泊にすると言いだした時には、あり得ないと思っていた。工事が始まってからも、本当にゲストの予約が入るのか、私は半信半疑だった。

実際、ヴィラ大平荘は、箱根の民泊としては異端と言っていい。大人数で泊まれる施設がほとんどで、アネックスの四名でさえ少ないのに、定員はわずか二名。国の登録有形文化財ではあるが、目玉の洋館は使えない。露天風呂付きというメリットはあるものの、アクセスがキッチンからという不思議な動線。

ところが、この人気である。

私自身が実感として「ここ、悪くないかも」と思うようになったのは、八月に家族で試泊したことがきっかけだった。

泊まってみると想像した以上に居心地が良かったのだ。

高級路線ということで、バスローブを備えたほか、リネンやタオルもアネックスよりグレードアップした。高級エジプト綿一〇〇％のシーツなんて、わが家で使っているのよりもはるかにいい。こだわっただけの価値はある。ベッドの寝心地は最高だった。露天風呂も多少の圧迫感はあるものの、実際に入ってみると、なかなか快適だった。

とはいえ、シーツの良さがどこまで伝わっているのかは疑問だ。

数寄屋風の空間にベッドをおいたしつらえが好まれているのだろうか。

ホテル業に携わる友人知人にヴィラ大平荘の写真を見せると誰もが「インバウンド向きだよね」と言う。コロナ禍にあっては「ご愁傷様」と言われているような感想だが、開業してみると、九九％のインバウンドが消滅したにもかかわらず、その通りの結果になった。最初のゲストが外国人だったのを皮切りに、その後も外国人の予約が多く、それが全体の予約数を押し上げていた。

十月は十組のうち六組が外国人、十一月はそれほどでもないが、十一組のうち四組が外国人だった。日本人のゲストでも、ファミリーネームが外国人名であったり、パートナーが外国人であるケースも少なくない。驚くような職業のゲストもいた。南アフリカ国籍の船員である。横浜港からやってきたという。

国別では圧倒的にアメリカが多い。

なんと、彼らのほとんどは在日米軍だった。

米軍基地というと沖縄ばかりが取り沙汰されるが、横須賀基地やキャンプ座間など、実は神奈川県にも十二もの米軍施設がある。沖縄の基地周辺でよく見かけるYナンバーの車が、わが家の駐車場にとまっていることが増えていた。

　ヴィラ大平荘として開業した増築部分は、もともと戦後のGHQ占領時代、祖父の堅吉が富士屋ホテルを接収していた米軍将校たちをもてなすためのゲストハウスとして建てたものだ。かつて米軍をもてなした純日本風の空間が、長い年月を経て、今また在日米軍に愛されている。運命の不思議を感じずにはいられなかった。


　ヴィラ大平荘が好調なのに気をよくして、夫は、さらなる計画を考え始めていた。スパの予約がない時は、母屋の洋館も開放しようというのだ。両親が使っていた主寝室を改装して、もうひとつベッドルームを設ければ四名まで泊まることができる。

　だが、キッチンをゲストが使えるように整備するのは費用もかかりそうだった。そこで、ベッドルームと一緒に開放するのは、とりあえずリビングルームと書斎だけにしようと考える。もともとスパを開業した時に、リビングルームと書斎には、家と家族の歴史にかかわる古写真など多少の展示を行っていた。利便性の提供というより、国の登録有形文化財の洋館をミュージアム的に楽しんでもらえればいいのではないか。

　日光の中禅寺湖畔でかつての外国人別荘が見学施設になっているのを見て思った。


　ちょうど計画が湧き上がった頃、十二月からAirbnbの手数料が従来の三%から一挙に五倍の一五%になるというニュースが飛び込んできた。

　急に五倍はヒドすぎる。だが、一軒家民泊は好調というものの、コロナ禍の影響は、ビジネスを急拡大してきたAirbnbにも影響を及ぼしているのだろう。小さな民泊が声をあげてもどうにもならない。

与えられた環境で、どうビジネスを展開していくかを考えるしかない。そこで、私たちは自分たちで予約も受けられる自社ウェブサイトを制作しようと決心したのだった。

自社ウェブサイトであれば、手数料もカード決済の場合の数%で済む。銀行振り込みを選んでもらえればそれも発生しない。そのぶん自社サイトを通した予約は料金を安く提供することも出来る。最初にヤマグチハウス アネックスを開業してから一年半ほどが経過し、リピーターを増やすために顧客データを得たいという思いもあった。

Airbnb や Booking.com といった予約サイトは、じゃらんや楽天なども含め、ＯＴＡ（Online Travel Agent）と総称される。オンラインの予約が一般化するなか、大きく発展してきたビジネスである。だが、手数料もかかることから、最近は評価の高い旅館やホテルほど、予約に占める自社サイトの割合を高める努力をしている。日頃の取材でそうした情報を得ていたことも背中を押された一因だ。

そして、もちろん自社サイトであれば、より確実に正しい情報を伝えられる。Booking.comのＡＩ翻訳事件も決心した理由のひとつだった。

二〇二〇年十二月十五日、新型コロナの感染者増加を受けて、十二月二十八日以降のGoToトラベルの一時停止が発表になった。年末年始の予約が除外対象になったということだ。同時に観光庁から、十四日から二十四日まではキャンセル料を無料にすること、そのぶん宿泊料金の補塡があるとの通達が出た。

自社ウェブサイトはまだ構想段階で、全ての予約がＯＴＡ経由である私たちはGoToトラベルが始まった時と同様、AirbnbやBooking.comの方針決定を待つしかなかった。

年末年始の予約は、離れのヤマグチハウスアネックス、母屋のヴィラ大平荘共にほぼ埋まっていた。そのほとんどがGoToトラベル利用の予約だったが、離れの一件だけは、九月にGoToトラベル利用ではない予約が入っていた。これを除くと合計八件の予約がGoToトラベルの停止の対象だった。

十六日、Airbnbから対象期間の予約はすべて一斉キャンセルにするとの連絡が入った。ゲストが宿泊したい場合は、正規料金で再度予約し直すことになる。

Airbnbでの予約は、GoToトラベル適用でない一件を除くと二件になる。

早速、伊藤さんに予約の継続を希望するかメールで問い合わせてもらうことにした。

私たちが選んだ方法は、予約を継続する場合、ゲストが了承するのであれば、正規料金での直接予約を案内することだった。手数料ぶんだけは安くなる。

この頃、上を下への大騒ぎになっていたのは、私たちの民泊ばかりではない。全国のホテルや旅館が突然の決定に右往左往していた。GoToトラベル利用と同じ割引料金を設定してお客を引き留めたところも多かったと聞く。

十八日には、Booking.comも一斉キャンセルの方針を決めた。こちらで予約したゲストにもAirbnb同様に直接、メールで連絡してもらった。

その結果、母屋のヴィラ大平荘は、もともとGoToトラベル対象でなかった一件を含め三件が直接予約で予約継続、三件がキャンセルとなった。離れのヤマグチハウス アネックスは、二件ともキャンセルだった。

八件あった年末年始の予約のうち五件が消えた。十二月二十日のことである。

だが、最初の緊急事態宣言の頃がそうだったように、キャンセルになり、しばらくすると、また別の予約問い合わせが入り始める。新型コロナに対する意識に個人差が大きいことのあらわれだ。年末年始をどこかでゆっくり過ごしたいというニーズは、GoToトラベルとは関係なく存在する。割引料金だから泊まるのか、そうでなくても泊まるのか、そのあたりの懐具合もまた個人差がある。

二十二日以降、再び予約が動き始める。

離れは十二月二十八日から三十日まで二泊で日本人二人、元日から二泊でアメリカ人の一人客の予約が入った。いずれも年末年始の正規料金だ。結果、三十日からの予約が一件キャンセルになったが、二十八日から三が日までほぼ埋まった。

母屋も元日からの予約は三回キャンセルが続いたが、年末ぎりぎりに外国人二人の予約があり、こちらも三十日の一泊を除いて、十二月二十八日から一月四日のチェックアウトまでの予約が埋まった。同じく年末年始の正規料金である。

こうしてGoToトラベルの一時停止はあったものの、二〇二一年を迎える年末年始、前年とほぼ変わらずゲストを迎えることができたのだった。

前年も玄関のお正月飾りと室内に生花のアレンジメントを用意したが、コロナ禍のなか泊まってくださる感謝を込めて、今年も精一杯のおもてなしをしようと決めた。

とりわけ母屋のヴィラ大平荘は、初めてのお正月である。

まずは神棚に新しい大根注連《じめ》を飾ることにした。

私が子供の頃は、毎年年末になると、家長である父がうやうやしく新しいものに取り替えていた。改装工事の後、神棚の掃除はしたが、大根注連の定位置には何もないままだった。数十年ぶりに大根注連を飾ると、神棚に命が吹き込まれた感じがした。

かぶき盆栽が飾ってある床の間には、お供え餅をおくことにした。

川崎のわが家では毎年、和紙でできたフェイクのお供え餅を飾っている。扱いも楽だし、毎年使えて経済的だ。デザイン的にかわいらしいのもいい。あちこち探した結果、銀座の鳩居堂で、わが家のよりずっと立派で存在感のある和紙のお供え餅が見つかった。

なんだかうれしくなって写真を撮って Facebook にアップする。

自社ウェブサイトが完成したら、Facebook や Instagram もアカウントをとって始動するつもりだった。

もちろん前年同様、お正月のお飾りと生花のアレンジメントも用意した。

「もう少し何かあったほうがよくない?」

夫の提言でお年賀のお菓子を用意することにした。

さらに手書きのメッセージカードを添える。準備をしていた頃、母屋は元日のチェックアウト以降の予約が入っていなかったけれど、念のため予備のお菓子も用意した。

カードには宛名にゲストの名前を書き、外国人には英語で、日本人には日本語でメッセージを記す。予備のメッセージカードは日本語にしていたら、年末ぎりぎりで入った予約が外国人だったので、ウーさん経由でメッセージの英訳を送ってもらった。

対面でなくてもホスピタリティは実践できる。その思いは確信になっていた。


二〇二一年の年明けは寒波が襲ったが、関東では冬晴れが続いた。

ゲストたちは滞在を楽しんでくれたのだろうか。

離れでは、屋外でバーベキューをしたらしかった。電気のバーベキューコンロのほかに庭で火をおこした残骸も見つかった。まるで貝塚のように牡蠣やハマグリの貝殻が出てきた。大晦日に宿泊したのは日本人の学生四人組、元日からはアメリカ人の一人客である。どちらのゲストだったのかはわからないが、寒空の下、海鮮バーベキューを堪能したのだろう。

コロナ禍以降、離れはバーベキューコンロの投入で盛り返した。だが、真冬でもバーベキューの需要があったとは。あらためての発見だった。

当初、火を使われることを危惧していたが、これだけニーズがあるのなら、庭にきちんとしたバーベキューコーナーを設営しようかという話になる。

「ピザ釜とかいいかもしれない。バーベキューのできる民泊はたくさんあるけれど、ピザが焼けるところは少ないよ」

夫はすっかり乗り気だった。ゆば鍋を妄想した頃の気持ちが再びよみがえる。

まだまだ工夫次第で、新しい可能性が広がりそうだ。

一月七日から二度目の緊急事態宣言が発令された。

一月中旬から母屋の工事が始まった。ヴィラ大平荘として開業した日本間以外はスパとして営業していたのだが、定員二名のヴィラ大平荘を三名以上で利用する場合に限り、洋館のベッドルームとリビングルーム、書斎などのパブリックスペースも開放することに決めたのだ。

ベッドルームの壁紙を張り替えて、壊れたままになっていた上げ下げ窓を修理する。スパと共有するスペースが増えるため、トリートメントルームなど、あちこちに鍵もつけなければならない。

にわかに浮上した問題は、カーテンとカーペットが防炎素材であるかどうかだった。スパとして運営する場合は、スタッフがいる時にしかお客が来ないので、消防法上、防炎である必要はない。だが、民泊の営業スペースになると防炎でなければならない。

スパを開業する時、取り付けたカーテンは、このような展開を予想していなかったので、防炎素材ではない。それはわかっているので、新しく付け替えることにした。

問題はカーペットだ。

一九九〇年頃、父が富士屋ホテルの副社長だった時代、ホテルの改修工事のタイミングにあわせて同じ業者に依頼したものだという。ニッケという企業名まではわかったが、詳細はわからない。ホテルに納入したのと同じものであれば、防炎である可能性は高い。だが、防炎マークはついていない。カーペットまで張り替えるとなると予算オーバーだ。

困った。考えたあげく、ニッケの企業ウェブサイトに問い合わせてみることにした。

当時の担当者まではわかったのだが、その人は辞めてしまってわからないという。それでも何か手がかりはないか食い下がったら、別の人から連絡があった。

ニッケはカーペットなどのインテリア部門を東リという別会社に切り離し、その部門の人たちはまとめて転職したとのことだった。連絡をくれたのは、インテリア部門のメンバーを知る数少ないニッケの社員だった。彼女のつてから、父がカーペットを依頼した担当者の部下にあたる人につながった。そして、そのまた部下の人がわが家に来て、カーペットを確認してくれることになった。

パブリックスペースのカーペットはすべてウールの防炎素材だった。良かった。改修工事の最大の難問は解決した。

防炎マークをつけてもらうついでに、ベッドルームのカーペットだけは汚れが目立ったので新しいものに替えた。壁紙が新しくなり、カーペットが新しくなっただけで、ぱあっと部屋が明るくなった。カーテンのピンク色が際立つ。

次はベッドルームの設えだ。

予算は限られているから、使えるものは再利用することにした。

ベッドはシンプルなデザインなので問題ない。マットレスも高級品だ。昭和初期と思われるアンティークのドレッサーは文句なくいい。一九九〇年頃の改修時のものらしい照明器具や洗面台はバブル景気の匂いがしたが、少し手を入れると、それなりの落ち着きになった。ベッドサイドテーブルは、照明の傘を張り替えて使うことにする。

カーテンの色にあわせて、小物などでピンクの差し色を加えてまとめれば、洋館らしいロマンティックな雰囲気になるだろう。

洋館の改修工事では、ダイニングルームまで対象とした。

キッチンは開放しないが、ダイニングルームを保健所に営業スペースとして届けておくことにしたのは、もうひとつのアイディアがあったからだ。

シェフ派遣のケータリングである。そのサービスを申し込んでくれた人にだけダイニングは開放することにした。

シェフを派遣して本格的な料理を提供するサービスは、テイクアウトの発展系として、コロナ禍で急成長していた。とはいえ、一般的なシェフ派遣のサイトで住所を箱根にして検索しても、ウーバーイーツやピザのデリバリーと同じく、ことごとく対象地域外になってしまう。またしても、都市では当たり前のサービスが箱根のハードルに阻まれる。

諦めかけていた頃、プロポーズ大作戦の時、宅配ケーキを紹介してくれた知人が、小田原のフレンチレストランで箱根に出張してくれそうなシェフがいると教えてくれた。

夕食のケータリングを届ける時に、朝食の材料も保冷ケースに入れて持ってきてもらえば、ついに念願だったフランス風朝食のデリバリーも可能になるかもしれない。

ゆば鍋の夢もフランス料理に化けて実現できそうだ。

離れのバーベキューコーナー拡張計画とあわせて、さらに魅力的な民泊にしていこう。

二度目の緊急事態宣言下、周辺の民泊では大幅な値下げをするところもあったが、私たちは前年と同じ冬季割引だけで、料金は下げないことに決めた。

ヴィラ大平荘を開業するために日本間の工事をしたのは、最初の緊急事態宣言の時だったと思い出す。まさか二度目の緊急事態宣言のさなかに三度目の工事をすることになるとは。コロナ禍のなか、いつしか私たちは本気の民泊経営者になっていた。

エピローグ　民泊は、新しい宿のかたち

私たちが民泊を始めたのは、従来のターゲットであるインバウンドの観光客が増え続ける一方、宿泊施設のひとつの形態として、民泊が日本に根を下ろし始めたタイミングでもあった。だからこそ、多少のアイディアはあったものの、インバウンド需要が消滅しても生き残れたのだろう。

私たちが暮らす川崎のマンションには、あいかわらず「民泊厳禁」の張り紙があるが、民泊をめぐる状況は、この間、大きく変化したと思う。

宿泊産業の一形態として民泊を取材する機会が巡ってきたのが、民泊プロジェクトの始まりとほぼ時を同じくしていたのも、偶然とは思えない。

最初の取材先は、富山県の井波という木彫刻の町にある「ベッド&クラフト」という宿だっ

た。不思議なネーミングは、「職人に弟子入りできる宿」というコンセプトをあらわしている。人口八千人のうち二百人が彫刻師という町で、その数は日本一だという。欄間、獅子頭などを中心に全国から注文があるそうで、「井波彫刻」として知られる。そうした職人の町に暮らすように滞在し、本気で伝統文化の体験ができる。

民泊というより、新たなジャンルの宿というべきだが、宿泊するのが改装された古い家であり、旅館やホテルではなく「住宅に泊まる」という意味においては、民泊の一形態と言っていい。法的には、多くの民泊物件が含まれる簡易宿泊所になる。

「本当は、英語のバケーションレンタルが一番ぴったりくるんですけどね」

と話していたのは、運営する株式会社コラレアルチザンジャパンの代表、山川智嗣さんだ。ともに建築家である妻のさつきさんとこの会社を立ち上げた。二人が知り合ったのが、上海の建築事務所というのが、なんとなく今っぽい。

井波にいきついたのは、夫の智嗣さんの出身が富山市だったのと、妻のさつきさんの父の趣味が木彫刻だった縁だという。

そして、ベッド&クラフトと私を結びつけたのが、沖縄ツーリストという沖縄を代表する旅行会社の会長、東良和さんだった。

東さんは、アメリカのコーネル大学ホテル経営学部で私の父の後輩にあたる。彼が東京支店長だった時代から私とも親しく、たまたま私の誕生日にフェイスブックでやりとりしたのがきっかけで、こんな面白い宿があると情報をくれたのである。

でも、なぜ沖縄ツーリストの東さんが富山の井波なのか。

聞けば、山川さんの手がけるコンセプトに賛同して、宿泊棟のひとつにオーナーとして参加したのだという。東さんは、東京支店長時代からパプアニューギニア旅行の企画をしたり、沖縄の枠を超えて、自由に発想し行動する人だった。

取材に行ったのは二〇一八年の秋だった。

もう一夏こしたら、離れがシロアリで腐ってしまう事実をつきつけられ、民泊という選択肢を選ぼうかと考えていた頃のことだ。

ベッド&クラフトは、一軒目は山川さんがオーナーで立ち上げたが、二軒目以降は、オーナーとなる出資者を募った。そのひとりが東さんで、彼の建物はまだ工事中だった。

食事の提供もなく、朝食は、近くのスーパーで材料を買い求め、キッチンで料理したことを覚えている。二〇一六年に始まったプロジェクトは発展途上にあり、山川さんたちも試行錯誤していた。

感心したのは、チェックインするとダウンロードできるアプリがあって、使い勝手が良かったことだ。近所の飲食店や職人の家の情報が入っていて、飲食店の英語メニューなどもある。外国人でも、このアプリがあれば、井波の町を安心して歩くことができる。

最初の宿泊棟は、山川さんたちが暮らす自邸の二階だった。民泊で言うならば、家主居住型だったのだが、ゲストが濃密なコミュニケーションを求めてくるのが少し煩わしかったのが、アプリ開発のきっかけだという。職人たちとのふれあいを演出する一方で、あえて「おもてなし」を廃し、ITによって利便性だけを提供する。そのことに驚き、新しい宿のかたちを見た気がしたのをよく覚えている。

井波の取材は、私たちの民泊プロジェクトの背中を押したひとつだったのかもしれないと、あらためて思う。

当時、インバウンド比率は、約七割とのことだった。

奇しくも、開業後のヤマグチハウス アネックスもほぼ同じだった。

現在のベッド&クラフトは、東さんの物件も開業し、宿泊棟が全部で六軒に増えて、朝食を提供し、夜はバーになるカフェバーとチェックイン機能もあるラウンジもできた。

朝食には、木彫り職人が削った木くずを使った燻製料理が出る。

新しい宿のかたちは、確実に進化している。


次に民泊を取材したのは、二〇一九年の春だった。

ヤマグチハウス アネックスが、まさに工事中のタイミングだった。

取材先は、「鎌倉古今」という、古民家再生の第一人者である建築家、松井郁夫さんが手がけた民泊にレストランが併設された施設。宿泊は二組だけという、こぢんまりした物件である。

その年の一月に開業したばかりだった。

運営を担当する松宮大輔さんは、ホテル・旅館業界での実務経験が長く、きちんとしたホスピタリティで迎えてくれる。レストランも本格的なイタリアンで、朝食には、湘南鎌倉の地元食材や名産品を中心にした和食が提供される。

なのに、なぜ民泊なのか。

理由は、鎌倉古今のロケーションにあった。

ゆるやかに山につながる地形の典型的な鎌倉の住宅地、二階堂に建つ。法律的には、第一種低層住宅専用地域に属する。すなわちホテルや旅館は、建設できないエリアである。だから、鎌倉古今は、民泊新法による民泊なのであり、二〇一八年の民泊新法施行がなかったなら、存在しない宿なのだった。

そうか、民泊には、これまで宿が開業できないエリアにビジネスチャンスを広げる、そうした意味もあったのかと、目からうろこが落ちた気がした。

民泊新法による民泊は、年間一八〇日という営業日の制限があるが、それを補うために本格的なレストランを併設したとのことだった。

改修された古民家は、長く増改築を重ねながら住宅として使われてきたが、家に残る最も古い記録は、一八五五（安政二）年と江戸時代にまでさかのぼる。民泊新法がなかったなら、そうした歴史ある家に新しい命が吹き込まれることもなかったのだ。

さらに鎌倉古今は、宿泊料金が一部屋約八万円以上とかなり高い。それは、安い金額で大人数が宿泊できる宿と考えられてきた民泊の概念をくつがえすもので、「ラグジュアリー民泊」とでも言うべき新しいジャンルの登場と言えた。

たとえば、一休コムバケーションレンタルは、母体となる一休コムが高級志向の宿泊施設をターゲットにしていることもあり、一泊十万円以上する物件が少なくない。私が民泊に関わり始めた二年ほどを振り返っても、ラグジュアリー民泊は急速に伸びてきている印象がある。それが民泊に対するネガティブな印象の払拭にもつながっている。

ラグジュアリー民泊は、その大半が一軒家民泊でもある。

これまで民泊には抵抗があった顧客層が、コロナ禍をきっかけに、他のゲストとの接触がなく、より安全な宿泊施設として一軒家民泊が注目されるようになったのもラグジュアリー民泊が台頭した背景にあると思う。

おすすめのラグジュアリーなホテルや旅館をリストアップする仕事を頼まれることも多いが、中高年富裕層向け女性誌で、ラグジュアリー民泊に相当する宿の掲載が抵抗なく受け入れられるようになったのは、コロナ禍以降のことである。


投資できる金額が限られているのと、借金をしてまで勝負に出る勇気がなかったので、ヤマグチハウス アネックスとヴィラ大平荘は、鎌倉古今のようなレベルではないが、安い金額で大人数が宿泊する従来の民泊のあり方に私はずっと背を向けてきた。

気持ちだけは、ラグジュアリー民泊のつもりだった。

リネンやタオルはラグジュアリーホテルと比べても遜色ない品質のものを備え、プロのランドリーに必ず出す。たとえば、ベッドの枕をダブルピロー（一人あて枕を二つおくこと）にするのも私なりのこだわりだ。ビジネスホテルでは枕がひとつのところが多く、ラグジュアリーホテルでは枕は必ず二つである。今後はサービスもシェフ派遣など、ラグジュアリー民泊で提供されているものをめざそうと思っている。数々のラグジュアリーホテルを取材してきた私自身が感覚的に「貧乏臭い」「快適ではない」と感じるものは排除している。従来の民泊の常識から外れていたこともあったけれど、自分の感覚を信じた。

「儲かればいいだけの民泊をやりたくない」という開業時の理念は、安い料金で大勢泊めて安易に商売をする従来の都市型民泊のビジネスモデルに対する拒否感だったのだ。

それは「民泊」という言葉が大嫌いだった私の皮膚感覚につながる。

手間はかかっても、アイディアと工夫を駆使して、唯一無二の価値あるものを提供し、新たな顧客を開拓する、新しい宿のかたちとしての民泊であればやってみたい。長年の取材経験から、そうした戦略の宿泊施設の方が、最終的にどんな市場環境の変化があっても利益を上げられるという確信もあったのだと思う。

心の奥でそう思っていた私が、その気持ちに賛同してくれる運営代行業者、グレーシスと出会ったことで全ては始まった。


自分自身が民泊のオーナーとなり、同時に民泊の取材もして見えてきたのは、民泊とは、さまざまな意味で、新しい宿のかたちであることだった。それは、もしかして、未来的な宿泊のかたちと呼んでもいいかもしれない。

たとえば、ＨＩＳが展開する「変なホテル」は、怪獣などのロボットがフロントで出迎える未来的な宿のひとつとして語られるが、ロボットが人間に代わって接客するというコンセプトは、ゲストとのやりとりがすべてオンライン上でつながっている非居住型の民泊とも共通しているように思う。

そういえば、ベッド&クラフトの山川さんが「僕は、変なホテルが好きなんです。人間がいないから気楽じゃないですか」と語った言葉が忘れられない。そういう感覚が、ベッド&クラフトのアプリを生んだのである。

私たちの民泊運営の現場でも、当事者の視点を離れ、状況を俯瞰すると、なんとも未来的な宿泊のかたちだなあ、と思うことがある。

たとえば、「マナミ」というオリエンタル美女のホストは、もちろんバーチャルではなく、伊藤愛美というリアルな女性なのだが、伊藤さんとイコールではなく、台湾にいるウーさん、旅することの多いオーナーと川崎にいるその夫が連携することで完成する、バーチャルな人格でもある。ゲストはマナミと顔をあわせることはないが、私たちの連携が上手く機能した時、マナミのホスピタリティに満足して、いいレビューを書いてくれる。

予約から清掃、ゲストとの対応、クレーム処理まで、全てがラインのやりとりで完結する運営スタイルは、ホテル運営のプロからも、未来的だと驚かれることが多い。特に運営の要であるウーさんが台湾にいると知ると、みんな一様にびっくりする。

二〇一九年七月に民泊を開業して、わずか半年余りでコロナ禍に見舞われたのは不運としか言いようがない。だが、もし予定通り東京オリンピックパラリンピックが開催され、インバウンドブームがさらに盛り上がっていたならば、私たちの民泊は苦労せずに繁盛していただろうが、民泊が新しい宿のかたちである事実に、今ほどはっきり気づかなかったに違いない。都市型民泊も大いに流行っていたならば、私たちがめざす民泊の理想も意識的に見えてこなかっただろう。

新型コロナの感染拡大があったからこそ、民泊の思わぬ可能性を見出すことができた。まずは、予約からチェックインまですべてがオンラインで完結する非居住型の民泊が、感染症という未知の脅威にも強い宿泊業の形態だったという、思いもかけない事実があった。

一軒家民泊であれば、エレベーターもないし、滞在中に誰かと会うことも一切ない。まさに三密とは無縁である。自宅から車で来れば、誰とも接触せず滞在することができる。オンラインチェックインが前提の非居住型民泊は、それゆえにインターネット環境は完備しているからテレワークにもぴったりだ。

一方で、インバウンド需要が消滅し、民泊は終わったように言われ、実際、多くの都市型民泊が消えていった。テレワークへの転換などで生き残ったところもあるが、簡単に儲かるからと参入した大多数は慌てて撤退していった。

コロナ禍は、ひとくくりになっていた民泊を二つに線引きしたのだった。一切の需要がなくなってしまった民泊と、コロナ禍だからこそそのメリットで集客できた民泊に。

いずれも一軒家で、気持ちだけはラグジュアリーを志向する私たちの民泊も、こうして生き残っているということは、後者だったことになる。

Airbnb の手数料が大幅に値上がりしたのは日本だけではなかった。ということは、日本はもちろん、世界的にも民泊はコロナ禍の影響が大きく、安い手数料でもうまみのある市場ではなくなったということだろう。

しかし、だからといって、このビジネスモデルが終わったとは思わない。ネガティブなイメージをもたらしてきたタイプの施設が淘汰されて、より付加価値のあるものだけが残った。ここから宿泊産業の未来を拓く、次なる展開が始まると思っている。

もうひとつ、民泊経営者として経験を積むなかで実感した大きな気づきがある。ホスピタリティとは、必ずしも対面しなくても実践できることの発見である。

非居住型民泊は、その運営スタイルから必然的に対面でのおもてなしがない。当初、それは、ホスピタリティの提供を諦めることかと思っていた。だが、実際に運営してみて、オンライン上で、あるいは泊まって頂く現場で、ゲストに対するホスピタリティはいくらでも実践できることに気づき始めた。

同時にラグジュアリーホテルでもスマホアプリを使ったEコンシェルジュが登場したことを知り、そのノウハウが非居住型民泊の運営と共通していることに驚いた。

これは、もはや新しいホスピタリティのかたちと言っていい。

星野リゾートの星野佳路代表は、コロナ禍における新しい観光のかたちとして、地元の顧客を呼び込むことを「マイクロツーリズム」と命名した。

ならば私は、新たなおもてなしのかたちとして、対面せずに実践するホスピタリティを「リモートホスピタリティ」と命名したい。

私たちの民泊のリモートホスピタリティを支えるのは台湾のウーさんだ。

この事実だけでも多くのことを教えてくれる。リモートホスピタリティにおいて、人材は現場にいる必要がなく、どこでも仕事ができる。インターネットが通じる環境であれば、スタッフはどこに住んでいてもよく、ウーさんがそうであるように子育てとも両立できる。サービス産業はリモートワークとは無縁と考えられてきたが、清掃など一部のエッセンシャルワークを除けば、予約や顧客対応のかなりの部分がリモートで可能なのだ。それによって多くの優秀な人材を活用できる。

一方で、対面のホスピタリティがなくなるとは決して思わない。

「変なホテル」を発案したＨＩＳの澤田秀雄会長兼社長は、専門誌のインタビューでポストコロナの未来においては、人が介するホスピタリティはより付加価値の高いものとして位置づけられていくだろうと話していた。

ポストコロナの宿泊産業は、対面のホスピタリティとリモートホスピタリティの二極化、もしくはハイブリッドで新たな展開をしていくのではないだろうか。

私たちの民泊が人気観光地の箱根に立地し、温泉があったことは大きなアドバンテージだったが、箱根というロケーションは、同時に不利なこともたくさんあった。

東京や大阪、京都であれば、選び放題の運営代行業者や清掃業者が極めて限られたこと。旅館やホテルが幅を利かす土地柄ゆえ、リネンのクリーニングなども民泊に対応してくれる業者は少ない。通信事情も悪く、インターネットと連動した光回線のＴＶは映らないし、ウーバーイーツもピザのデリバリーもない。

箱根ゆえの不便さに何度、挫折しそうになったことか。

コロナ禍以前、インバウンド全盛期の都市型民泊が「手っ取り早く儲かる事業」だったことを思えば、私たちの民泊は決してそうではなかった。「儲かるだけの民泊はやりたくない」と理想を掲げたことで、なおさら多くの手間を自分たちで背負い込んだ。しかし、だからこそ、私たちは困難な状況を生き抜いたのかもしれない。コロナ禍で消滅したのは、もっぱら都市型の「手っ取り早く儲かる民泊」だったのだから。

「勝てる民泊」とは何なのか。

ウィズコロナにおいては、一軒家で密にならず、家主非居住型で誰とも接触しないことの二つは大きな要因だろうが、それだけではない。

民泊を宿泊業の新しいかたちととらえ、新規市場を開拓するために創意工夫をする、その意気込みのある民泊なのではないだろうか。

少なくともその意味において、私たちは「勝てる民泊」であると思う。

日本の観光業、いや世界の観光業が今は危機に瀕している。だが、観光業が消滅することは決してないと思っている。

民泊経営者として実感するのは、新型コロナの感染状況が少し収まると、あきらかに予約数が増えることだ。心配しつつも、安全に楽しめるところがあれば、出かけたくてうずうずしている人がたくさんいる。箱根の温泉付き一軒家民泊は、首都圏の人たちにとって、コロナ禍にあって、最も安心して出かけられる選択肢のひとつなのだろう。そのレスポンスはとても早い。GoToトラベルの効果は大きかったが、私たちの民泊に関して言えば、予約の動きは必ずしもGoToトラベルにだけリンクしている訳ではない。ニーズに見合った施設であれば、コロナ禍でも需要はしっかり存在する。

ジャーナリストとして取材をしていても同じことを実感する。世界中どの国でも、実は、観光目的の旅行の方が、ビジネス目的の旅行よりも戻りが早い。リモートワークの普及で、今後、出張は少なくなるだろうと言われている。だが、観光目的の旅行がなくなることはない、というのが大方の見方である。

とはいえ、旅のかたちや支持される宿のスタイルは変化していくだろう。コロナ禍はその変化を一気に加速させるきっかけになる気がする。旅の目的が変わり、ラグジュアリーの定義が変わり、求める価値観が変わる。その時、新しい宿のかたちとしての民泊は、新たな潮流の真ん中に存在するもののひとつになると思う。

それは、長年ホスピタリティ産業を取材してきた私が、民泊経営者になったことから得た確信である。

山口由美　Yumi Yamaguchi

1962年神奈川県箱根町生まれ。慶應義塾大学法学部法律学科卒業。海外旅行とホテルの業界誌紙のフリーランス記者を経て作家活動に入る。『アマン伝説　アジアンリゾート誕生秘話』（光文社）、『考える旅人　世界のホテルをめぐって』（産業編集センター）、『昭和の品格　クラシックホテルの秘密』（新潮社）、『日本旅館進化論　星野リゾートと挑戦者たち』（光文社）、『箱根富士屋ホテル物語』（小学館）など著書多数。

本書に記された民泊の自社サイト
https://hakoneyamaguchihouse.com/

勝《か》てる民泊《みんぱく》
ウィズコロナの一軒《いっけん》家《や》宿《やど》

著　者　山口《やまぐち》由《ゆ》美《み》

発　行　2021年5月25日

発行者　佐藤隆信
発行所　株式会社新潮社　郵便番号162-8711
東京都新宿区矢来町71
電話：編集部　03-3266-5611
読者係　03-3266-5111
https://www.shinchosha.co.jp
装幀　新潮社装幀室
印刷所　錦明印刷株式会社
製本所　加藤製本株式会社

ISBN978-4-10-469205-7　C0095
価格はカバーに表示してあります。